KB046241

나는 테슬라에서 인생 주행법을 배웠다

ⓒ 박규하, 2023

이 책의 저작권은 저자에게 있습니다.
저작권법에 의해 보호를 받는 저작물이므로
저자의 허락 없이 무단 전재와 복제를 금합니다.

박규하 지음

나는 테슬라에서
인생 주행법을 배웠다

일론 머스크처럼 생각하고 테슬라처럼 해내는 법

비즈니스북스

나는 테슬라에서
인생 주행법을 배웠다

1판 1쇄 발행 2023년 11월 7일
1판 2쇄 발행 2023년 11월 9일

지은이 | 박규하
발행인 | 홍영태
편집인 | 김미란
발행처 | (주)비즈니스북스
등 록 | 제2000-000225호(2000년 2월 28일)
주 소 | 03991 서울시 마포구 월드컵북로6길 3 이노베이스빌딩 7층
전 화 | (02)338-9449
팩 스 | (02)338-6543
대표메일 | bb@businessbooks.co.kr
홈페이지 | http://www.businessbooks.co.kr
블로그 | http://blog.naver.com/biz_books
페이스북 | thebizbooks
ISBN 979-11-6254-350-4 03190

* 잘못된 책은 구입하신 서점에서 바꾸어 드립니다.
* 책값은 뒤표지에 있습니다.
* 비즈니스북스에 대한 더 많은 정보가 필요하신 분은 홈페이지를 방문해 주시기 바랍니다.

비즈니스북스는 독자 여러분의 소중한 아이디어와 원고 투고를 기다리고 있습니다.
원고가 있으신 분은 ms1@businessbooks.co.kr로 간단한 개요와 취지, 연락처 등을 보내 주세요.

내가 실리콘밸리에서 깨달은 것들을 당신도 알게 된다면

토종 한국인으로 미국에 온 지도 벌써 9년째에 접어든다. 처음 MBA 프로그램을 시작할 때만 해도, 내가 한국인이라는 의식보다는 이 다민족 국가에 잘 버무려져 살고 싶다는 생각뿐이었다.

치열하게 일자리를 잡고 실리콘밸리에 정착을 한 후, 조금 내 주위를 돌아볼 수 있는 여유가 생겼을 때였다. 문득 예상보다 많은 한국 사람들이 이곳에서 각자의 스토리를 가지고 살고 있다는 것을 깨달았다. 자기 분야의 세계적인 전문가로 커리어 성장을 하고, 높은 연봉과 좋은 복지 혜택을 받으며 가족의 보금자리를 틀거나, 시끄럽고 팍팍한 도시에서 벗어나 온화한 기후와 좋은 날씨를 만끽하며 여유를 누리고 있었다.

"아깝다." 나도 모르게 이 짧은 말이 툭 튀어나왔다. 이렇게 존경스러운 한국 분들이 미국 땅에 있음으로 해서 한국과는 멀어지는 게 아닐까 하는 생각이 들어 나온 말이었다.

내가 대단한 애국심을 가진 것은 아니지만 지금에 이르기까지 나는 한국으로부터 받은 도움이 너무나도 많다고 생각한다. 나 또한 한국에 있을 당시에는 그 환경에 불평도 많았지만 오히려 한국을 떠나고 타지에 오니 그때는 몰랐던 감사한 점들이 많았음을 깨달았다. 어찌되었든 한국은 나를 지금 이곳에 설 수 있게 해준 고마운 조국이다.

그렇게 느끼기 시작했을 때부터 어느 시점이 되면 나의 경험과 이야기를 통해 사람들, 산업, 교육 등 무엇이 되었건 한국에 긍정적인 보답을 하면 좋겠다고 생각해왔다. 그래서 실리콘밸리 생활을 하며 느꼈던 것들을 머릿속으로 정리해보기도 하고, 메모를 남겨놓거나 사람들과 대화를 하면서 정리해보고 주변 사람들에게 공유하곤 했다.

그러다 책의 형태로 정리해봐야겠다고 결심한 계기가 생겼다. 미국에서 한국이 인구절벽에 직면해 있다는 기사나 트윗(일론 머스크가 직접 한)을 봤을 때만 해도 '그렇구나' 하고 심각성을 짐작만 했었다. 그러던 중 부모님 댁에 들렀을 때 어릴 때부터 운영되던 어린이집이 없어진 걸 보고 눈앞에 닥친 현실임을 체감하게 된 것이다.

인구는 즉 국력이다(GDP＝인구 수×1인당 생산성). GDP가 늘어나려면, 아니 최소한 현행 유지라도 하려면 인구수가 줄어드는 것에 대비해 1인당 생산성은 높아져야 한다. 그러므로 우리나라가 발전하려면 젊은 세대가 마음껏 능력을 발휘해야 한다. 학창 시절의 내가 오버랩 되면서 그들이 미래를 준비할 힘을 키우는 데 조금이나마 도움이 되고 싶은 마음이 커졌다.

그래서 미국으로 돌아가 바로 약 10여 년 넘는 과거의 경험과 기억을 되살려가기 시작했다. 헤매고 부딪히면서 하나씩 배워갔던 당시의 생생했던 깨달음들을 진심을 담아 전하고 싶었다.

나의 이야기를 통해 소통하고 싶은 사람들은 대학생부터 기업의 경영인까지 넓고 다양하다. 어떻게 가장 효과적으로 메시지를 전달할지에 대해 고민하다 두 종류의 독자 그룹을 염두에 두며 글을 썼다.

먼저 현재의 상황에 막혀버린 사람들, 즉 새로운 문제 해결 및 생각의 혁신이 필요하며 돌파구를 찾아야 하는 기업들과 문제 해결 방식에 구조적인 한계를 느끼는 업계 실무자들에게 컨설팅을 한다고 생각하며 책에 담았다. 한국과 미국을 오가며 실리콘밸리의 방식을 돌파구로 벤치마킹 하고 싶은 기업들이 많다고 직접 느끼기도 해서다.

실리콘밸리에서 다양한 회사, 특히 한국의 서플라이어들과도 일을 하며 깨달은 점도 많았지만 안타까운 모습도 그에 못지않게 보았다. 핵심을 간파하지 못해 비즈니스 기회를 놓치는 경우도 있었고 독립적으로 사고하며 프로세스에 초점을 맞추기보다는 결과 중심의 정답을 얻으려고 하는 방식에도 아쉬운 점이 너무 컸다. 프레젠테이션 제안서에 담긴 스토리 전개에도 보완할 점이 너무 많았다. '한국 기업들이 이렇게 하면 글로벌 경쟁력과 혁신이 더 생길 텐데'라며 구매자로서 대놓고 업체의 제안과 방향을 고쳐줄 수는 없고 속으로만 안타까워했었다.

비즈니스를 넘어 산업 전반을 보았을 때 왜 한국은 제조업에 머물러 있을까 고민도 많이 해봤다. 새로운 성장 동력과 그를 실행할 수 있는 기업 경쟁력을 이끌어낼 '한국판 일론 머스크'가 필요하다 느꼈다. 기업과 산업의 구조를 획기적으로 개혁하지 못한다면 인구절벽에 맞닥뜨린 한국의 미래는 너무나도 어두워 보였다. 이 책이 기업과 사회가 더 나은 한국을 위해 구조적인 개혁의 필요성을 인지하는 작은 계기라도 되었으면 좋겠다.

두 번째는 자신의 미래가 불투명하다고 생각하는 사람들이다. 커리어 설계가 절실할 취업준비생, 사회초년생, 실무를 하는 대리나 과장 연차의 직장인, 해외 유학을 계획하거나 과정 중인 학생들, 특히 그중 MBA를 준비하는 데 있어 아직 뚜렷한 목표를 찾지 못한 사람들을 생각하며 나의 이야기를 친구에게 들려주듯 썼다.

한국에서 MBA 유학을 준비하면서 느끼기도 했지만, 보통 유학 준비는 GMAT이라는 시험 준비와 어떤 전략으로 상위권 대학에 입학할 수 있을 것인지에 초점이 맞춰져 있다. 개개인의 상황에 맞게 유학이 적합한 선택인지, 유학이 왜 필요하며 그 이후엔 무엇을 하려고 하는지 장기적인 관점에서 설계를 해볼 기회가 없다.

유학뿐만 아니라, 고등학교와 대학교를 졸업하고 사회인이 되어 끊임없이 진로와 커리어에 대해 고민해도 학생 때처럼 답을 가르쳐주는 학원도 없었을뿐더러 이를 같이 고민해줄 플랫폼이나 인적 네트워크 역시 부족했다.

지금 자신의 커리어 설계를 혼자 고민하고 있을 직장인 및 학생들에게 한국에서 엔지니어로 시작하여 비즈니스를 맨땅에 헤딩 식으로 배우며 커리어를 전환한 과정, MBA 준비의 실패와 성공을 통해 나 자신에 대해 내면 깊숙이 성찰해보았던 체험을 공유하고 싶었다.

더불어 미국 땅에 첫발을 디뎠을 때 고군분투한 이야기, 실리콘밸리에서 개별 기여자로 시작하여 그룹 매니저가 되기까지의 커리어 성장 과정 그리고 그 속에서 겪은 시행착오들을 들려주며 함께 고민을 나누고 싶다. 환경과 생각의 차이는 있겠지만 나라는 예시를 통해 독자들이 스스로 자신의 새로운 가능성에 대해 발견하는 계기가 되길 희망한다.

생애 처음으로 책을 쓰면서 온전히 나 혼자만의 힘으로 여기까지 온 게 아니란 것을 또 한번 느꼈다. 내가 여러 선택의 갈림길에 섰을 때마다 나에 대해 더 객관적으로 들여다볼 수 있도록 직·간접적으로 도와준 사람들이 꼭 있었다.

학업과 미래에 대해 고민이 많은 대학생과 사회초년생 시절 위인들의 예시를 통해 생각의 그릇을 키우도록 도와줬던 웅래, MBA 시절부터 지금까지 서로 고민을 털어놓으며 긍정의 힘과 격려를 북돋아주는 잭슨, 경청과 좋은 질문들로 나의 가치에 대해 다시 생각해 볼 수 있게 하여 애플에서 테슬라로 돌아갈 결정을 하게 도와준 제임스, 내가 추구하는 가치를 인정해주고 나의 일들을 격려해주는 고마운 아내 명, 아빠가 되는 기쁨을 알게 해준 올리비아와 노아에게 감사한다.

무엇보다 한국에서 태어나는 행운을 주신 부모님과 청소년 시기 스트레스를 받아주었던 동생에게 무한한 감사를 전한다. 나 또한 이 책을 통해 독자들에게 영감과 도움을 줄 수 있는 그런 사람이 되고 싶다.

2023년 11월,

박규하

제1장

마시멜로 챌린지

: 공대생 엔지니어, 실리콘밸리의 비즈니스맨을 꿈꾸다

역주행

제2장

: 박수 칠 때가 아닌 편안해질 때가 떠나야 할 때다

Getting Things Done

제3장

: 실리콘밸리에서는 일단 일이 되게 한다

자율주행

제4장

: 테슬라에서 매니저로 일하는 법

제5장

미래에 만날 케빈들에게

제 1 장

마시멜로 챌린지

: 공대생 엔지니어, 실리콘밸리의 비즈니스맨을 꿈꾸다

마시멜로를 쌓을 때 아이들은 어른들처럼 '이래서 불가능하고
저래서 안 될 것 같다'며 스스로 제약을 만들지 않는다.
물론 초반에는 쓰러지고 넘어지지만 재빨리 개선시켜나가며 다시 짓기를 반복한다.
그러다 보면 성공하는 구조물이 나오기 마련이다.

어느 평범한 공대생의
우물 탈출기

학창 시절 나는 전형적인 '범생이'였다. 부모님과 선생님의 말씀을 잘 듣고 착실하게 학교생활을 하면서 고등학교 때까지 줄곧 반장을 도맡아 해왔다. 그렇게 모범생 매뉴얼에 맞춰 학교생활을 하다가 대학에 입학하고 보니, 도대체 무엇을 해야 의미 있고 어떻게 해야 행복한 삶을 살 수 있을지 막연하기만 했다. 중·고교 시절엔 각종 시험에서 높은 점수를 받아야겠다는 목표 외에 다른 건 없었으니까 어쩌면 당연한 방황이었다.

캠퍼스 생활도 딱히 감흥이 없었다. 늘 그래왔던 것처럼 전공 공부는 열심히 하려고 했지만, 강의실에 앉아 수업을 듣다 보면 '내가 왜 전자공학을 전공으로 택했을까?' 하는 의문만 커져갔다. '대학만 들어가면 뭐든 다 할 수 있을 거야'라는 믿음도 사라졌다.

나뿐만 아니라 많은 동기생들이 같은 고민을 하고 있었다. 물론 나름 자신의 인생에 대해 깊이 있게 고민하는 친구들도 많았다. 다행히 대학생활에서는 강의 외에 스스로 찾아서 도전해볼 만한 것들이 꽤 있었다. 그동안 나를 옥죄고 있던 수능시험에서 벗어나 무언가를 선택할 수 있다는 것은 흥미로웠다.

나는 외국 문화와 언어에 관심이 많았다. 그래서 이런 호기심을 충족시킬 수 있는 동아리를 찾아 나섰다. 마침 대학교 연합으로 이루어진 영어 동아리와 인연이 닿아서 다양한 전공을 공부하는 선후배와 친구들을 만날 기회를 얻었다. 여러 나라를 거치며 코스모폴리탄cosmopolitan의 삶을 살아왔거나 내가 접해보지 못한 전공을 공부하는 이들과 교류하면서 새로운 세상을 경험할 수 있었다.

나를 찾아서 떠난 첫 여행 그리고 뜻밖의 만남

대학교 첫 여름방학 때는 책 한 권과 옷가방 하나만 들고 유럽 전역을 3개월 동안 돌아다녔다. 동아리 활동에서 경험한 다양성을 보다 더 구체적으로 경험하고 싶었다. 여행을 하면서 나는 그동안 얼마나 우물 안 개구리의 삶을 살아왔는지 깨닫게 됐다. 집을 떠나 혼자 매일매일 새로운 여정을 계획하고 스스로를 챙기면서 중·고교 시절 한 가지의 목표를 위해 반복되는 일상을 살았던 삶의 방식을 떨쳐낼 수 있었다. 이후 나는 보다 적극적으로 더 넓은 세상을 경험하기 위한 기회를 찾아나섰다.

2007년에는 한국과학기술총연합회에서 주최한 '영 제너레이션 포럼'Young Generation Forum에 참여했다. 일주일간 진행되는 연례 포럼으로 미국을 비롯한 전 세계의 재외동포 공과대 학생 100여 명이 모여 서로 교류하는 자리였다. 나는 운 좋게도 학교 대표이자 한국 대표 10인의 일원으로 참가하게 되었다.

그 포럼에서는 MIT와 스탠퍼드 대학교 등 세계 유수의 공과대학에 다니는 학생들뿐 아니라, 유럽의 아주 작은 나라에 사는 재외동포 학생들도 만날 수 있었다. 한국어가 서툴고 표정과 제스처부터 도통 한국인이 아닌 것 같은 친구들과 일주일을 함께 보냈다. 이때는 유럽 여행에서 느꼈던 인종과 문화의 다양성을 넘어서, 같은 한국인이지만 너무나 다른 환경 속에서 살아가는 이들의 존재에 또 다른 놀라움을 느꼈다.

포럼 도중에 나에게 큰 비전을 안겨준 중요한 이벤트도 있었다. '한국이 국가 경쟁력 5위 국가로 진입하기 위한 과학기술 정책'이라는 주제의 행사였는데, 조동성 당시 서울대 교수님이 연사로 나오셨다. "지금 여러분이 공부하고 있는 공학 분야의 전문가에서 머물지 말고, 무한한 능력을 마음껏 펼쳐 세계의 비즈니스를 이끄는 사람이 되어주십시오. 우리나라는 당신들이 필요합니다." 그날 조동성 교수님이 하신 말씀은 나를 비롯한 참가자 모두에게 각자의 분야에서 한국과 세계에 영향을 미치는 리더가 되어 보라는 비전을 갖게 했다.

그 시간은 나에게 큰 울림으로 다가왔다. 우물 안 개구리였던 내가 한국을 넘어서 전 세계에 긍정적인 영향을 미칠 수 있는 사람이 될 수 있고, 또 99명의 동기들과 함께 이러한 생각을 공유할 수 있다는 생각에 짜릿한 전율을 느꼈다. 학교 수업에서는 도대체 왜 전자공학을 전공하고 있는지에 대한 답을 찾지 못해 답답했었는데, 그 이후로는 전자공학이라는 학문 안에 나의 미래를 한정짓지 말고 더 큰 뜻을 이루기 위한 디딤돌로 삼아야겠다는 생각을 하게 됐다.

전자공학도가 삼성전자를 선택하지 않은 이유

포럼을 마치고 일상으로 돌아왔을 때 나도 모르게 당시에 깨우쳤던 것들을 실행하고 있었다. 그때 나는 몇 가지 원칙을 세웠다.

첫 번째는 '큰 그림을 그리자'는 것이다. 학교를 졸업하고 사회에 나가더라도 공학자로 남지 말고 어떤 분야가 될지는 모르겠지만 '리더'가 되어보자는 포부를 갖게 되었다. 그 원칙을 세운 후 다양한 활동을 하면서 경제 경영과 각종 정책 등에도 관심을 가졌는데 어느 날부터인가 선후배와 동기들이 나를 '호기심 박사'로 부르기 시작했다.

두 번째는 '유연하게 사고하자'는 것이다. 전자공학을 전공하더라도 굳이 선후배들의 진로를 따라갈 필요는 없다고 생각했다. 당시에 선배들은 졸업 후 삼성전자 반도체 부문에 입사해서 주로 회로 설계 일을 했다. 하지만 나는 특정 산업에 내 미래를 한정시키지 말고 다른 분야로 관심 영역을 넓혀나가는 공부를 하자고 다짐했다.

세 번째는 '노력은 나를 배반하지 않는다'를 인생의 좌우명으로 삼자는 것이다. 중·고교 때부터 대학생활까지 일관되게 유지해온 것은 꾸준한 노력이었다. 포럼과 같은 좋은 기회를 접하고 다양한 체험을 할 수 있었던 것도 끊임없이 내 인생의 답을 찾기 위해 노력했기 때문이라는 걸 잘 알고 있었다. 그래서 어디서 무슨 일을 하든 영원히 변하지 않을 삶의 태도로 '노력하는 자세'를 정했다. 나에게 장학금과 포럼 및 각종 기회를 주며 후원해준 학교와 국가에 대한 보답이기도 했다.

포럼 이후, 학부와 석사를 5년 만에 졸업하는 '학석사 통합과정'에 합격했다. 학교에서 공부할 시간이 1년 남짓 남았을 무렵, 전자

공학도로서 실력을 갖춤과 동시에 커리어 디자인에 집중했다. 대학원 연구소에서는 다양한 물질로 새로운 메모리 디바이스를 개발해 엔지니어링 및 개발의 무한한 가능성을 체험했다. 연구소에서 실험하는 틈틈이 경영대학원에 가서 국제경영 수업과 프로젝트를 하며 공학 외의 분야도 공부했다. 그렇게 1년을 보내고 나니 어느새 학교를 떠날 시간이 다가왔다. 선후배와 동기들 모두 취업에 전념했고 대부분은 전자회사에 취업했다.

하지만 나는 전자회사에 취업하려고 애쓰지 않았다. 앞으로 50년은 무슨 산업이 세상을 이끌어갈 것인지 그리고 거기서 나만의 장점을 살려 세상에 기여할 수 있는 것은 무엇인지에 대해 골몰했다. 그 무렵 나에게 새로운 영감을 줄 산업과 제품에 관심을 기울이게 된 또 다른 계기가 있었다. 같은 과 친한 동기 중에 이병철 전 삼성 회장과 진대제 장관 등 우리나라 경영 구루들의 책을 많이 읽는 친구가 있었다. 자연스레 나도 그 친구의 영향을 받아 그들의 삶을 간접적으로 들여다보면서 내 꿈의 크기를 키워나갔다.

전쟁으로 황폐해진 한국 산업을 일으켜 세우고 국가의 위상과 국민들의 삶을 바꾼 선구자들에게는 공통점이 있었다. 바로 '숏텀'short-term의 사고방식이 아닌 '롱텀'long-term의 시각으로 세상의 흐름을 간파하면서 항상 열린 자세를 갖고 있다는 점이다. 그때 내 삶의 목표와 커리어도 '롱텀'으로 바라보며 보다 더 의미 있는 일을 찾아야겠다는 다짐을 했다.

　그러던 어느 날, 우연히 집에서 신문을 보다가 한 줄의 기사 제목에 시선이 딱 꽂혔다. 'LG화학, GM 플러그인 하이브리드 배터리 최초 해외 수주'. 순간 머릿속에 우리나라 기업이 새로운 제품으로 전 세계로 진출하는 그림이 그려졌다. 배터리 분야는 내 전공과 직접적인 관련이 없었지만, 그동안 갈고닦은 엔지니어링 어프로치engineering approach(공학적 접근 방법) 및 디자인 원리들을 활용하면 제품과 산업의 내용을 빨리 습득할 수 있겠다는 자신감과 열정이 있었다.

　잠시도 망설이지 않고 바로 입사 지원서를 냈다. 면접 때는 나만의 비전을 구체적으로 어필했다. 그때도 국가와 회사가 나를 믿고 기회를 준 덕분에 국방의 의무를 하는 전문연구요원으로 채용되었다. 그렇게 나의 전기차 커리어가 시작되었다.

엔지니어는 어쩌다
비즈니스맨을 꿈꾸게 되었나

2009년에는 대전에서 연구소 생활을 시작했다. 배터리 분야 중 정확히 어떤 연구를 하게 될지는 몰랐지만, 열린 마음으로 회사의 연구 배정을 기다리던 중 배터리 시스템을 설계하는 팀에 배치되었다. 서울과는 달리 상대적으로 정적인 대전은 연구에 집중하기 딱 좋은 환경이었다. 학창 시절보다 더 진지하게 전자공학 분야 실험을 하면서 실제 제품에 적용해보았다. 국가의 전문연구요원으로서 나름 최고의 기술을 개발하고 구현해보겠다는 사명감을 갖고 최선을 다했다.

물론 석사 때 연구하던 신소재 메모리 개발과는 다른 형태의 연구 개발이었다. 하지만 당시에는 존재하지 않는 제품, 즉 전기차 배터리를 제어하는 회로를 설계하고 소프트웨어로 그 기능을 구현하는 연구 개발은 무척 흥미로웠다. 그리고 신생 사업의 조직이다 보니 인원도 매우 적어서 마치 스타트업처럼 팀원들이 각자 알아서 일을 주도해나갔다.

배터리 알고리즘 연구를 제안하다

전기차 배터리 비즈니스가 점점 더 성장함에 따라, 배터리 시스템을 연구할 팀원과 프로젝트 수도 늘어났다. 이 과정에서 큰 그림을 그려보니 배터리 시스템이 소비자에게 주는 최종적인 가치는 무엇보다 정확하게 배터리의 상태를 예측할 수 있게 해주는 것이라는 생각이 들었다. 소비자는 배터리를 쓰는 입장에서 얼마나 더 쓸 수 있는지, 새 제품과 비교했을 때 지금도 똑같은 용량을 쓸 수 있는지가 가장 궁금할 테니까.

'유연하게 사고하자.' 내 삶의 원칙을 다시 떠올려봤다. 어느새 삶의 가치관으로 자리 잡은 다짐은 새로운 도전에 대한 거부감을 줄여주었을 뿐 아니라, 남들에게 잘 보이지 않는 기회를 발굴하는 데 큰 도움이 됐다. 나는 지금까지의 연구 경험을 바탕으로 좀 더 전문성을 높여 정밀한 배터리 알고리즘을 개발해보고 싶었다. 팀에서도 그 분야의 전문가가 필요하다는 것을 인지했기에 나의 제안은 받아들여졌다.

배터리 알고리즘은 하드웨어와 소프트웨어의 성능 구현에 초점을 맞추는 게 아니라 거의 창조에 가까웠다. 복잡하게 보일 수도 있지만 직관적인 로직을 통해 배터리 시스템이 실시간으로 정보를 받아들여 정확하게 잔존 용량과 수명을 예측하게끔 설계해야 했다.

뇌가 어떻게 사물을 인지하고 어떤 방법으로 사물의 행동을 예측하는지에 대한 이해도 필요했을 만큼(인공지능AI과 근본적으로 같은 콘셉트다) 거시적인 관점에서 공학적·철학적 접근이 필요했다. 지금 와서 생각해보면 인공지능의 핵심 구현방식뿐 아니라, 컨설팅 회사에서 쓰는 문제 해결 방법인 MECE Mutually Exclusive and Collectively Exhaustive (다수의 대상을 정리할 때 중복되는 것도 없고 누락되는 것도 없도록 파악하는 논리 기법)를 배우기도 전에 실전에 적용했던 것이다. 알고리즘 설계 시 불필요하게 중복적인 문제를 다루게 되어 시스템이 복잡해지는 것을 막고, 동시에 누락되는 문제가 없게끔 촘촘히 기획하는 것이다.

이 연구는 문제 해결 방법뿐만 아니라 실제 배터리 실험 계획 수립과 데이터 수집 및 분석을 해볼 수 있는 매우 특별한 기회였다. 내가 개발한 초정밀 알고리즘이 고객사 차량에 적용되어 도로를 달리는 모습도 뿌듯했지만, 화학을 전공한 배터리 설계 연구원이 만든 배터리를 비전공자인 엔지니어 입장에서 평가와 분석을 해보는 새로운 경험을 할 수 있었다.

우물 안에서 '우물 밖' 세상으로

대전에서 연구소 생활을 하면서 '다시 우물 안 개구리가 되는 건 아닐까' 하는 걱정을 하지 않았다면 그건 거짓말이다. 하지만 본격적으로 사회에 나오기 전 나만의 마인드셋과 가치관을 정립해놓았기에 조급해하지 않았다. 차분하게 오픈 마인드로 큰 그림을 그리며 더 많은 것을 배우고 성장할 기회를 찾았다.

첫 번째 기회는 '일본어 공부'였다. 팀 내에 하드웨어 개발 기술 고문으로 일하는 일본인 엔지니어들이 있었다. 회로 설계 시 풀리지 않는 부분이 있어서 자문을 구한 적이 있었는데 그들의 문제 해결 방법이 매우 독특했다. 어떻게 보면 보수적으로 보일 수도 있지만, 매우 세밀한 설계와 전자부품의 특성을 바탕으로 디테일한 설계 계획을 세웠다. 나는 당시 내가 갖지 못한 일본인 엔지니어들의 디테일에 사로잡혔다. 그들과 조금 더 대화를 하고 싶어서 간단한 일본어를 익혔다.

일본인 엔지니어들 특유의 디테일과 완벽주의에 관심을 갖고 나니 일본어와 문화 속의 독특한 철학과 사고방식도 발견하게 되었다. 일본어 공부는 자연스레 나의 취미가 되었다. 필요가 아닌 재미로 시작한 공부다 보니 더 몰입할 수 있었고 최상급 레벨의 일본어 능력시험까지 패스하게 되었다.

두 번째는 '프로젝트 매니지먼트로서의 역할'을 경험한 것이다. 내가 개발한 알고리즘은 자동차 회사의 전기차 프로젝트를 위한 것이었으므로 대량생산이 결정된 시점부터는 프랑스 고객사 제품에 직접 알고리즘을 구현하고 승인받는 작업이 필요했다. 이를 위해 제품의 개발자로서 현지의 엔지니어와 알고리즘 업데이트 및 검증 내역에 대해 서로 합의를 보며 디자인과 성능 구현 방법에 대해 이견을 줄이는 과정을 거쳐야만 했다.

구체적인 비즈니스 프로젝트가 생기기 전까지는 오로지 엔지니어로서 하나의 개발 목표에만 매진하며 나 자신과 싸웠다. 하지만 프로젝트를 진행하면서는 영업팀의 개입 없이 내가 직접 고객사 엔지니어들과 소통할 수 있는 기회를 얻었고 처음으로 대외 미팅을 주관하기 시작했다. 프로젝트 관리를 하면서 복잡한 내용을 알기 쉽게 재해석하는 커뮤니케이션 스킬을 길렀고 이해관계자 간의 생각과 입장의 차이를 좁히는 경험치도 늘렸다. 드디어 알고리즘이 완성되어 최종 승인을 받을 시점에는 프랑스로 파견 나가서 마지막 검증 결과를 공유하는 것으로 프로젝트를 성공적으로 마무리했다.

세 번째는 '커리어의 전환'이다. 프로젝트 매니지먼트를 하며 새로운 스킬을 익히고 업무 영역을 넓혀갈 때쯤, 다시 한 번 기회가 찾아왔다. 배터리 비즈니스의 급성장으로 본사에서 상품기획 조직을 새롭게 신설했다. 제품의 종류와 프로젝트가 증가함에 따라 회사의 전략적인 로드맵과 비즈니스의 방향을 제시하는 리더십 조직이 필요해진 것이다. 본사 사업부 직속 조직에서 배터리 기술 지식을 기반으로 비즈니스를 배워볼 인원들을 각 연구소로부터 추천받은 후 선발 과정을 거쳐 팀이 꾸려졌다.

나는 당시 팀장님으로부터 제안을 받았다. 하지만 신설 조직이라 비즈니스 전개에 따라 없어질 수도 있는 조직이고 한번 커리어 전환을 하면 다시 엔지니어로 돌아오지 못할 수도 있었다. 게다가 비즈니스 분야의 경험이 전혀 없었기 때문에 과연 업무를 잘 수행해낼 수 있을지도 의문이었다. 온통 불확실한 것투성이였다. 하지만 내가 가장 중요하게 여기는 가치는 사고의 유연함이기에 그 기회가 가져다줄 긍정적인 면들을 보고자 했다.

연구원으로서의 경험과 성과를 바탕으로, 상품기획을 하면 산업 전반을 읽는 안목을 기를 수 있고 나아가 글로벌 비즈니스를 해볼 기회도 얻을 수 있을 것 같았다. 그런 큰 그림이 그려지자 가슴이 뛰고 설레기 시작했다. 어떤 결과가 나를 기다릴지 알 수는 없었지만 내 선택에 후회는 없다는 마음으로 결정을 내렸다. 배터리 전문 연구요원에서 비즈니스맨으로의 커리어 전환이 이루어지는 순간 이었다.

배터리 회사 엔지니어가
MBA에 도전한 이유

상품기획 업무는 상당히 새로웠다. 우선 일하는 태도에도 변화가 필요했다. 엔지니어가 아닌 비즈니스맨 입장에서 바라보니 엔지니 어링의 개선점들이 더 많이 보였다. 하지만 엔지니어들과 일할 때 는 겸손한 태도로 내가 알고 있는 관련 기술 지식을 활용해 그들의 잠재력을 끌어내야 했다.

예를 들어, 엔지니어 입장에서 배터리를 개발할 때는 무조건 경 쟁사보다 더 높은 출력과 용량을 겸비한 최고 성능의 제품을 개발 하는 것이 중요했다. 하지만 상품기획 관점에서 보면 기술의 우수 성만큼이나 시장과 구매자의 입장에서 살펴볼 것들이 생겨났다. 제품의 우수한 성능이 과연 차량 플랫폼 내에서 다 쓰일 수 있을지, 예산에 부합하는 제품인지 등 시장성까지 고려한 제품 개발을 위해 건설적인 동기부여가 될 수 있는 피드백을 전달했다.

매일 아침 출근이 기다려지다

대전의 연구소에서 서울 본사로 올라온 후 나의 업무는 많이 달라졌다. 연구원들과 일할 때와는 달리 영업팀을 비롯한 다양한 팀과 사외 조직들과 함께 일하다 보면 하루가 지나가는 체감 속도가 두 배 이상 빨라졌다. 무엇보다 업무 태도가 능동적으로 바뀌었다. 나에게 주어진 일만 묵묵히 하는 연구 개발자가 아니라 새로운 비즈니스 기회를 스스로 찾아야 하는 롤을 맡게 되니, 만나는 사람의 폭도 넓어졌고 보다 적극적으로 소통하게 되었다.

회사가 나에게 기대하는 역량과 스킬도 달라졌다. 각 조직으로부터 다양한 정보를 받아들여 상품기획자 입장에서 재해석하면서 동시에 회사의 방향성까지 제안하려면 수많은 정보 속에서 남들이 보지 못하는 비즈니스의 흐름을 읽어내야만 했다. 무엇보다 중요한 것은 이 커리어 전환으로 매일매일 꽉 차고 충만하게 살았다는 점이다. 돌이켜보면 내 인생에 있어 그 어느 때보다 '살아 숨 쉬는' 경험을 한 나날이었다. 나의 의사결정과 실행으로 새로운 분야가 발굴되고, 나아가 지구 환경에도 긍정적인 영향을 미친다는 자부심에 매일 아침 출근하는 게 기다려질 정도였다.

본사에서 나는 연구원 출신의 유일한 배터리 매니지먼트 시스템 상품기획 전문가로 각인되었다. 알고리즘 개발 경험을 통해 배터리가 어떠한 특성을 가지는지, 개선점은 무엇인지 등 남들이 생각하지 못한 나만의 견해를 제시할 수 있었다. 급기야 미주, 유럽, 아시아를 아우르는 글로벌 영업팀을 비롯해 본사의 다른 부서에서도 이러한 이슈가 생길 때마다 내게 의견을 구했다. 나의 전문성을 인정해주고 내 의견을 구하는 이들이 많아진다는 것은 놀라운 경험이었다.

게임이론에 빠진 자동차 업계

그 무렵 나는 거의 매달 해외 출장을 다녔다. 전 세계 곳곳에 있는 글로벌 자동차 회사들과 협업하기 위해 직접 발로 뛰었다. 이전까지 나는 소비자 입장에서 그저 자동차를 이동수단 정도로만 여겨왔지만, 비즈니스 관점에서 보니 자동차 회사마다 고유한 디자인 철학, 개발 원칙, 비즈니스 플랜과 제품 로드맵이 각기 다르다는 것을 알 수 있었다.

전기차를 개발할 때도 빠르게 잘 달리는 성능에 집중할지, 출력 기능을 조금 낮추고 한 번만 충전해도 멀리 갈 수 있는 경제성에 초점을 맞출지, 100퍼센트 전기차로의 혁신을 시도할지, 내연기관과 전기차를 섞은 하이브리드로 절충할지, 기존 내연기관차와 같은 외부에 내부만 전기차의 부품으로 바꿀지 등 회사마다 전략이 다 달랐다. 이에 따라 회사들의 비즈니스 플랜에 적합한 전략을 수립하되 맞춤양복처럼 제품을 개발하는 것이 산업과 회사에 도움이 될까, 아니면 공용 플랫폼을 개발해 AA배터리처럼 비즈니스를 전개하는 것이 좋을까 등 다양한 전략을 짜보았다.

이런 과정을 거치면서 나만의 제품 개발과 비즈니스 철학이 정립되어 갔다. 동시에 전기차 산업에 대한 한계점을 극복하기 위해 가장 빨리 해결해야 할 부분들도 구체적으로 보이기 시작했다. 각각의 글로벌 자동차 회사들의 입장에서 벗어나 전반적인 자동차 산업의 한계점이 보였다. 즉 어느 누구도 전기차에 올인 하지 못하는 것이었다. 고객들에게 새로운 전기차로 내연기관차 대비 기능과 가격 면에서 호평을 받을 수 있을지, 설사 좋은 평가를 받는다고 해도 영업이익을 남길 수 있을지 등 여러 가지 불확실성이 존재했다.

그때 내가 내린 결론은 굳이 내연기관차 시장을 죽여가며 혁신을 해본들 큰 이득이 없다는 것이었다. 업계 전반이 게임이론game theory에 빠져 있어서 어느 누구도 주도적으로 변화를 일으킬 수 없는 상태였다. 게임이론은 개인 또는 기업이 어떤 행위를 했을 때 그 결과가 게임처럼 자신뿐만 아니라, 다른 참가자에 의해서도 결정되는 상황에서 각자 자신의 이익에 부합하는 행동을 추구한다는 이론이다. 자동차 업체들이 내연기관차로 이익을 내는 상황에서 어느 누구도 적극적으로 나서서 자신의 이익을 갉아먹는 새로운 제품, 즉 전기차를 만들려 하지 않는 상황을 상징적으로 보여준다.

대부분의 글로벌 자동차 회사들은 전기차의 제조 과정을 수직 통합하지 않고, 배터리 및 전장품 공급사들에게 프로젝트 형식으로 아이디어를 얻거나 테스트해보며 눈치만 보는 수준이었다. 이 눈치 싸움을 뒤흔들 강력한 리더가 필요한 상황이었다.

'그래, 전기차 회사로 가자!'

상품기획자로 3년 정도 일하는 동안 보수적인 배터리 업계의 특성상 혁신적인 기술은 등장하지 않았다. 그에 따라 나의 기술 지식도 크게 진보하지 않았다. 프로모션 및 상품기획 자료도 1년 차와 3년 차의 내용이 거의 비슷했고, 자동차 회사를 만나 논의해도 질문과 답변 모두 새로운 게 없었다. 이대로 가다가는 5년, 10년 후에도 배터리 업계에는 장밋빛 전망만 있을 뿐 실질적인 변화는 없을 것이 분명했다. 그러다 발만 동동 구르며 안타까워 할 바엔 내가 직접 나서서 뭐라도 해보는 게 낫다는 생각이 들었다.

마음속에서 시그널이 오는 것이 느껴졌다. 배터리 업계 내에서 한계에 부딪히며 전기차 시대가 오기를 기다리지 말고, 자동차 산업을 재편성하는 것이 가장 빠르고 또 필요한 일이라는 결론을 내렸다. 그렇다면 가장 공격적으로 전기차를 만들어낼 회사에 들어가야 했다. 그 순간 두 가지 질문이 떠올랐다. 첫째, 가장 강력한 리더는 누구인가? 둘째, 리더의 위치로 가기 위해 지금 나에게는 무엇이 필요한가?

전 세계의 자동차 회사들과 일해본 나의 경험상 강력한 리더는 없었다. 그 어떤 회사도 진정한 의미의 전기차 회사가 아니었다. 그런데 업계 사람들과 회의를 하다가 이런 말을 종종 듣게 됐다. "요즘 실리콘밸리에 원통형 배터리 수천 개를 사용해 장난감 같은 전기차를 만드는 '말도 안 되는 회사'(테슬라)가 있다던데, 알고 있어?" 문득 그 이야기가 떠오르며 '전통적인 자동차 회사들이 전기차 시장의 리더가 아니라면, 차라리 장난감 같은 전기차라도 공격적으로 만드는 회사가 낫지 않을까?' 하는 어찌 보면 엉뚱한 생각이 드는 것이었다.

또 한편으로는 나의 엔지니어링 경험과 상품기획자의 이력만으로 업계를 이끌어나갈 수 있을지는 판단이 서질 않았다. 그러나 당장은 이 두 가지 질문에 대한 명확한 답을 찾을 수는 없더라도 더 이상 실무 경험이 아닌 다른 차원의 인풋이 필요했다. 그것은 바로 공부였다. 그리고 이어서 미국 유학에 대한 목표가 어렴풋하게나마 생기자 비즈니스를 공부할 수 있는 MBA에 가장 먼저 관심이 갔다.

2년의 도전 끝에
예일대 MBA에 합격하다

MBA 준비 여정은 길고도 치열했다. 가장 먼저 경영대학원 입학시험인 GMAT Graduate Management Admission Test 준비부터 시작했다. 미국 학생들도 어려워하는 고난도 시험으로 지원자가 비즈니스 스쿨에서 공부할 수 있을 정도의 논리적 사고가 가능한지 여부를 평가한다. 그뿐 아니라 학교 측에는 나의 인생 스토리와 함께 비즈니스 스쿨이 내 커리어와 인생 목표를 달성하는 데 어떤 도움이 될지에 관해 어필해야 했다.

호기롭게 시작한 첫 번째 도전은 실패로 끝났다. 그동안 쌓아온 나의 친환경 에너지 관련 커리어가 상당히 의미가 있다고 생각했기 때문에 GMAT에서 적당한 점수를 받기만 하면 입학할 수 있을 줄 알았다. 그래서 첫해에는 MIT에만 지원했다. 하지만 나의 기대와는 달리 결과는 참패였다. 서류심사에서 탈락한 것이다. 무엇보다 왜 지금 나에게 MBA를 비롯한 미국 유학이 필요한지에 대한 이유가 명확하지 않았다. 지금 생각해보면 너무나도 터무니없는 시도였다.

MBA 도전 2년 차, 모든 것을 새롭게 정비하다

첫 번째 실패 후 나는 스스로를 진지하게 돌아보고 매우 솔직해졌다. MBA 도전 첫해에는 단순히 미국 유학을 가면 커리어 고민이 해결될 것만 같았다. 무엇보다 나의 이력으로 충분히 가능할 것이라는 오만한 생각에 치열하게 고민하지 않았다. 그래서 2년 차 때는 MBA가 지금 나에게 왜 필요하며 굳이 미국이어야 하는 이유는 무엇이며, 그래서 내가 하고 싶은 것이 무엇인지를 스스로에게 진지하게 물으며 답을 찾기 위해 애썼다.

책상에 앉아서 내 생각을 글로 써가며 정리했고 친구나 직장 동료들과 술을 마시며 고민도 해봤다. 딱히 이렇다 할 답이 나오지는 않았다. 하지만 그렇다고 현실에 안주하고 싶지는 않았다. 내 인생의 재부팅이 필요하다는 생각은 여전했으니까. 그러다 2014년 여름, 2주간 휴가를 내고 지중해로 향했다. 여행을 하면 과거와 미래 대신 오늘 하루, 지금 무엇을 보고 느끼고 있는지에 초점을 맞출 수 있어서 현재에 집중하는 데 큰 도움을 준다. 지중해 바다 앞에서 나는 그동안의 고민은 잠시 잊고 그저 아름다운 자연에 감탄하면서 오롯이 그 순간을 즐겼다. 어느 순간 복잡다단했던 머릿속이 텅 비는 느낌이 들었다. 여행 막바지에는 다시 일상으로 돌아가 새롭게 시작해볼 수 있는 용기와 에너지가 생겼다.

한국으로 돌아오는 비행기 안에서 창밖을 바라보니, 도로 위에 수많은 차들이 보였다. 그 풍경을 멍하니 보고 있자니 문득 나의 어린 시절이 떠올랐다. 유독 자동차의 매연을 싫어했던 나는 트럭이나 버스가 검은 매연을 뿜으며 지나갈 때마다 지구가 아파할까봐 속이 상했다. 과학 시간에 오존층이 파괴되어 지구가 더워질 거라는 이야기를 듣고는 헤어스프레이도 쓰지 않았다.

"아하!" 그 순간 내 마음속에서 무엇인가가 꿈틀거렸다. 그동안 나의 커리어는 어린 시절부터 환경을 소중하게 생각했던 동심에서 시작된 것임을 깨닫게 되었다. 그걸 알아차리기까지 꽤 긴 시간과 기회가 필요했던 것이다.

나는 지구환경과 온난화 문제를 해결하고 싶습니다. 그동안 엔지니어링 백그라운드에 기반해 전기차 개발 업무를 해오다가 지금은 상품기획자로 일하고 있습니다. 하지만 더 늦기 전에 전기차 산업 전반을 변화시켜야 한다고 생각했습니다. 이를 위해서는 나의 글로벌 비즈니스 역량을 향상시키기 위해 경제, 재무, 경영 등을 총망라하는 비즈니스 정규 교육과정이 반드시 필요합니다. 수업뿐만 아니라 다양한 분야에서 경험을 쌓아온 클래스메이트들과의 네트워킹도 나의 꿈을 실현하기 위해 현실적으로 매우 중요한 디딤돌이 될 것입니다. 결국 이를 통해 지구와 인류에게 공헌하고 싶습니다.

나의 영문 지원서 내용 중 일부다. 한 번의 실패를 겪은 후 나의 MBA 지원 동기는 명확해졌다.

가장 전략적이고 순도 높은 몰입의 경험

MBA 지원 동기가 명확해진 후로는 준비가 한결 수월했다. 먼저 GMAT 공부를 다시 시작했다. 미국 문화에 대한 배경지식이 없는 토종 한국인으로서 영어로 글의 논리를 세우고 본문의 내용을 빈틈없이 분석하고 반박하기에는 어려움이 많았다. 변호사 자격증 시험과 비슷한 내용이 많은 만큼 내 사고의 틀을 보다 더 냉철하고 객관적으로 바꾸어야만 했다.

GMAT는 영어 능력이 아닌 비즈니스에서 올바른 결정을 할 수 있는 능력을 검증하는 시험이기 때문에 다른 식의 준비가 필요했다. 회사에서 상품기획 업무를 하면서도 비즈니스 결정권자라면 어떤 마인드로 어떻게 할지 상상하며 제안서 작성하는 연습을 했다. 회의에 들어가거나 이메일을 쓸 때도 상대방의 주장을 나의 프레임워크에 맞게 재편집해 논리적으로 분석한 후 조목조목 반박하는 연습도 했다. 업무를 마친 후에는 회사 근처 카페에 가서 문 닫을 때까지 GMAT 준비를 했다. 시험이 임박했을 때는 비행기 안이나 심지어 화장실에서도 틈틈이 공부할 정도로 몰입했다. 그렇게 최선을 다한 결과 마침내 세 번 만에 만족할 만한 점수를 얻게 되었다.

이력서와 에세이 또한 명확하게 정리된 나의 지원동기를 바탕으로 처음부터 다시 작성했다. 콘서트에 비유하자면 이력서로 무대와 각종 장치를 세팅한 후 에세이로 예고편을 보여주고, 인터뷰로는 나의 노래를 들려주는 식으로 계획을 짰다. 내 인생의 조각들을 바탕으로 지원 동기라는 뼈대에 살을 붙이고 공감을 얻기 위한 요소들도 입혀나갔다. 슬쩍 검토만 해봐도 무엇을 말하려고 하는지 파악할 수 있도록 준비했다. 애쓴 만큼 누가 보더라도 1년 차 준비 때와는 전혀 다른 이력서와 에세이가 완성되었다.

인터뷰는 토종 한국인의 한계점을 극복하기 위해 배우가 영화 대사를 외우듯이 예상 질문과 그에 대한 답변을 만들어놓고 거울을 보며 단 하나의 실수도 없도록 외우고 또 외웠다. 표정, 어투, 발음 어느 것 하나 허투루 넘어가지 않으면서 연습하고 또 연습했다. 미국 친구들에게 내가 만든 대본을 읽고 녹음해 달라고 부탁해서 출퇴근길에는 그 파일을 들으며 혼자 셰도잉 shadowing (듣고 따라 말하기) 했다. 지금 돌이켜보면 그때만큼 하루 24시간을 빈틈없이 계획하고 한 가지 목표를 위해 몰입했던 적도 없었다.

온 힘을 쏟은 네 번의 MBA 인터뷰

GMAT 준비를 하면서 나의 비전을 이룰 수 있는 프로그램을 찾기 위해 미국 대학교 리서치도 열심히 했다. 그러던 중 '비즈니스와 사회 모두를 이끌 수 있는 리더를 양성한다'는 학교 이념을 가진 예일대의 MBA 프로그램에 유난히 관심이 갔다. 결국 내가 지향하는 바도 새로운 비즈니스와 산업을 이끌어 사회에 기여하는 것이기에 같은 미션을 공유하는 셈이었다. 더 깊게 알아보면 알아볼수록 학과를 초월해 정치·경제·국제·법·환경 등 다학제 multi-discipline (여러 학문 분야 또는 전문분야 간에 협력하거나 통합하는 것) 교육을 추구하는 예일대 SOM Yale School of Management 의 이념이 나의 비전과 일치했다. 무엇보다 이 학교 프로그램을 경험하면 내가 지향하는 커리어의 목적을 달성할 수 있을 거라는 확신이 섰다. 가슴이 뛰고 새로운 에너지가 차올랐다.

물론 예일대 MBA에만 올인 할 수는 없었다. 총 일곱 군데 학교에 지원했고 이 중에서 네 군데 학교로부터 인터뷰 인비테이션interview invitation을 받았다. 그때부터는 완전히 인터뷰 준비 모드로 지냈다. 어떤 순간에서도 에세이의 모든 내용을 1분 만에 말할 수 있을 정도로 맹렬히 연습했다. 에세이에는 해당 학교의 MBA를 선정한 이유와 그 과정에서 무엇을 배울 것이며, 졸업 후에는 무슨 일을 할 것인지에 대한 아주 구체적인 내용을 담아냈다.

그리고 대망의 마지막 인터뷰 날이 다가왔다. 바로 내가 가장 가고 싶었던 예일대 MBA 인터뷰였다. 인터뷰어와의 만남은 내가 일본 출장을 가기로 한 날이어서 출국 전 오전에 일정을 잡았다. 인터뷰는 한 호텔 컨퍼런스 룸에서 진행되었다. 나는 대기실에 출장용 캐리어를 맡겨놓고 약속된 시간에 인터뷰어를 만났다. 너무 연습을 많이 해서일까. 정말이지 하나도 떨리지 않았다. '왜 MBA 진학을 결심했으며, 그중 예일대 MBA에 지원한 이유는 무엇인가' 등 인터뷰어의 질문들은 모두 내가 예상했던 것이었고 이미 철저히 준비했기에 그 어느 때보다 자신 있게 답변했다. 무엇보다 인터뷰어의 질문을 들으면서 '역시 이 학교다!' 하는 확신이 더 강해졌다.

일본 출장에서 돌아온 후 며칠이 지난 어느 날 저녁이었다. 퇴근

후 집으로 돌아와 샤워를 마치고는 습관처럼 휴대폰을 들여다보는 데 부재중 전화가 한 통 와 있는 게 아닌가. 그것도 해외 발신번호 였다. 혹시나 하는 마음에 바로 다시 걸어보니 익숙한 목소리가 들렸다.

"케빈, 합격을 축하해! 네가 올 가을에 우리 학교에 올 수 있어 서 너무 기뻐. 예일에 오게 된 걸 진심으로 환영해!"

내 인생에 새로운 챕터가 그렇게 시작되었다.

예일대 MBA에 지원할 때 내가 썼던 에세이의 전문을 공유하고자 한다. 내가 탁월하게 문장력이 좋아서도, 네이티브 정도로 영어 실력이 뛰어나서도 아니다. 그저 나처럼 한국에서 나고 자라 직장을 다니면서도 미국 대학 MBA를 준비하는 사람에게 조금이나마 참고가 되었으면 하는 바람이다.

The Yale School of Management educates individuals who will have deep and lasting impact on the organizations they lead. Describe how you have positively influenced an organization as an employee, a member, or an outside constituent.

My greatest impact that influenced my organization and industry was transforming an innovative idea into reality, at a major global company, that would generate the multi-billion dollar business that I had envisioned it would.

Despite LG's superior Lithium-ion battery technology, electric cars had not been selling well until 2011. The market wasn't ready and customers were unwilling to buy electric vehicles in large numbers. In response, LG established a product planning department to direct its business strategy. Although I had a successful position in the development division with 43 patent filings for my inventions, I did not hesitate to accept LG's invitation to product planning, since this would be the perfect opportunity to apply engineering theories to business.

Part of my new responsibilities was to meet with leaders at over 30 automotive companies around the world to discuss current global situations from their perspectives and consider new solutions to current problems. During the process, one realization I had was that all of the monster-size batteries for long-range driving we had been producing were too costly to make electric cars attractive. My idea then emerged for creating a compact battery-pack for only the ignition phase to significantly reduce the consumption of fuel in gasoline-powered automobiles.

Transforming my new ideas into reality was not easy. The biggest challenge was to unite all of the company stakeholders in this project so that everyone was in agreement and enthusiastic about moving forward. Our sales teams had difficulty sensing what automakers genuinely wanted because they lacked engineering expertise, and thus could not give useful directions or valuable information to the development division. Also, our engineers could not understand customer preferences, and thus had trouble developing and describing technical features that would be attractive to our clients. By orchestrating team collaboration via leading conference calls and then spending considerable time discussing with each leader individually, I was able to bridge the technical communication gaps between diverse groups of experts to get everyone working toward the same goals and understanding their roles in the overall project more clearly. My past engineering experience at this time was extremely helpful.

Twenty-one days later, excellent output from each functional division emerged that showed we were finally on the same page, so I synthesized all of the material into a bigger corporate picture that everyone at LG could understand and appreciate. All that remained was to persuade top management at LG headquarters that our new business plan and prototype were reliable enough to support. Fortunately, the leadership was impressed with our work and gave us permission to proceed.

Success from my work finally began with a contract with ○○ that has since spawned a ○○billion micro-hybrid market that nobody thought was possible when I first shared my vision. This positive impact was possible since careful analysis of diverse human strengths, weaknesses, and desires, paired with effective strategies for bringing everyone together in ways that make the best use of their strengths and preferences, yielded excellent results that pleased everyone.

예일대 경영대학원은 조직에 깊고 지속적인 영향을 미칠 미래 리더들을 양성합니다. 귀하가 직원, 조직 구성원 또는 외부 이해관계자로서 어떻게 조직에 긍정적인 영향을 미쳤는지 설명해주세요.

내가 기업과 산업에 가장 큰 영향을 미친 일은 혁신적인 아이디어를 현실로 구현하여 수십억 달러 규모의 시장을 창출한 것이었습니다.

LG의 우수한 리튬이온 배터리 기술에도 불구하고, 전기차는 2011년까지 잘 팔리지 않았습니다. 시장이 준비되지 않았고 많은 소비자들은 전기차를 구매할 의사가 없었습니다. 이에 LG는 비즈니스 전략을 주도할 수 있는 상품 기획 부서를 설립하였습니다. 당시 개발 부문에서 43건의 특허 출원 등 숙련된 개발자의 위치에 있었지만, 공학 이론을 비즈니스에 적용할 수 있는 좋은 기회였기 때문에 회사의 제안을 수락하는 데 망설이지 않았습니다.

새로운 책임 중 일부는 전 세계 30개 이상의 자동차 회사 리더들과 회의를 통해 그들의 시각에서 현재의 글로벌 상황을 논의하고 문제에 대한 새로운 해결책을 고려하는 것이었습니다. 이 과정에서 나는 우리가 생산해온 장거리 주행을 위한 거대한 배터리들이 전기차를 매력적으로 만드는 데에는 너무 비용이 많이 든다는 것을 깨달았습니다. 그때 나는 점화 단계에서만 사용하는 작은 배터리팩을 만들어 휘발유 자동차의 연료 소비를 크게 줄일 수 있는 아이디어에서 미래를 보았습니다.

그것을 현실로 구현하는 것은 쉽지 않았습니다. 가장 큰 도전은 회사의 모든 이해관계자들을 한데 모아 동의하고 앞으로 나아갈 의지를 가지게 하는 것이었습니다. 판매팀은 공학 전문 지식이 부족하여 자동차 제조업체들이 진정으로 원하는 것을 파악하는 데 어려움을 겪었으므로 개발 부문에 유용한 지침이나 정보를 제공할 수 없었습니다. 또한 우리 엔지니어들은 고객의 선호도를 이해하지 못했기 때문에 클라이언트에게 매력적인 기술적 특징을 개발하고 설명하는 데 어려움을 겪었습니다.

나는 주도적인 회의를 통해 팀 협업을 조율하고, 각 리더와 개별적으로 상당한 시간을 보내면서 다양한 전문가 그룹 간의 기술적 의사소통 장벽을 극복하여 모두가 동일한 목표를 향해 협력하고 프로젝트 전체에서 자신들의 역할을 명확히 이해할 수 있도록 도왔습니다. 물론 과거의 공학 경험은 귀중한 도움이 되었습니다.

21일 후에는 각 기능 부문에서 우수한 결과물이 나와 우리가 마침내 함께 같은 방향으로 나아가고 있다는 것을 입증했습니다. 그래서 나는 여러 자료들을 가공하여 회사 유관부서의 직원들이 프로젝트를 쉽게 이해할 수 있도록 하였습니다. 남은 일은 LG 본사의 최고 경영진을 설득하여 우리의 새로운 사업 계획과 프로토타입이 신뢰할 만하다는 것을 입증하는 것이었습니다. 경영진은 이 프로젝트의 잠재력을 인정하고 진행을 허락해주었습니다.

프로젝트의 성공은 ○○회사와의 계약을 통해 나의 비전을 처음 나눌 때 아무도 가능하다고 생각하지 않았던 ○○억 달러 규모의 새로운 마이크로 하이브리드 시장이 창출되는 것으로 시작되었습니다. 이는 다양한 사람들의 강점과 약점, 열정을 신중하게 분석하고, 그들의 능력을 최대한 이끌어내어 최상의 결과를 도출하는 효과적인 전략과 함께 모든 이들을 하나로 모으는 것에서 비롯되었습니다.

미스터 테슬라,
MBA가 만들어준 나의 브랜드

예일대 MBA 입학을 앞둔 2주 동안은 시애틀에 있는 지인의 집에서 머물렀다. 본격적인 미국 유학생활을 앞두고 있자니 묘한 설렘과 긴장이 교차했다. 그러다 학교 오리엔테이션을 하루 앞둔 일요일, 코네티컷 주 뉴헤이븐에 있는 기숙사로 들어갔다. 짐을 정리하고 천천히 캠퍼스를 둘러보러 나갔다. 가장 인상 깊었던 곳은 1930년대에 지어진 스털링 기념 도서관Sterling Memorial Library과 희귀 장서들이 보관된 베이네케 레어 북 도서관Beineke Rare Book Library이었다. 고풍스럽고 웅장한 도서관에서 오랜만에 책 속에 둘러싸여 있으니 긴장이 풀리면서 마음에 여유가 찾아들었다. 그제야 내가 이곳 예일대에서 공부하게 되었다는 사실을 실감하게 되었다.

드디어 오리엔테이션 날, 살짝 떨리는 마음으로 강당으로 향했다. 그곳에는 미국인뿐만 아니라 아시아, 아프리카, 유럽 등 수많은 나라의 학생들로 가득 차 있었다. 저마다의 히스토리와 꿈을 가진 학생들의 다양성에 놀라지 않을 수 없었다. 나를 포함해 학생들은 서로 어디서 왔는지, 어떤 계획을 갖고 있는지 계속 질문하면서 다가갔다.

한국에서 온 '미스터 테슬라'

MBA 입학 후 동기생들에게 나를 소개할 때는 주로 입학 당시에 준비했던 소개문을 활용했다. 이곳에서의 모든 네트워킹은 '엘리베이터 피치' elevator pitch (엘리베이터에서 중요한 사람을 만났을 때 자신의 주장을 짧은 시간에 요약해서 빠르게 전달하는 말하기 형식)로 시작하는데 상황에 따라 30초, 1분, 3분 버전 등이 있다. 나는 엘리베이터 피치용 자기소개로 아래 세 가지 버전을 준비했다.

• 30초 버전: 나는 케빈이라고 합니다. 한국의 배터리 기업에서 일을 했고, MBA에서 비즈니스를 배워서 졸업 후에는 테슬라

에 들어가 전기차 비즈니스 확장에 열정을 쏟을 것입니다.

• 1분 버전: 나는 케빈이라고 합니다. 한국의 배터리 기업에서 일을 했습니다. 원래 엔지니어로 전기차 개발 업무를 하다가 상품기획 부서로 옮겨 경력을 쌓았습니다. 하지만 전기차 분야를 이끌어나가기에는 한계가 있다고 느껴 비즈니스를 본격적으로 배우고자 MBA에 왔습니다. MBA 수업에서 다양한 이해관계자들이 어떤 사고를 하고, 비즈니스 전개에는 어떤 요소들이 결정적인 영향을 미치는지 배우고 싶습니다. 그 이후에 저의 원래 분야로 돌아가 전기차 산업 확장에 일조하고 싶습니다.

• 3분 버전: 나는 케빈이라고 합니다. 한국에서 태어나 자랐고, 한국의 배터리 기업에서 전기차 개발 및 비즈니스 업무를 했습니다. 전자공학을 전공한 엔지니어로서 평소에 친환경에 관심이 많았습니다. 대학을 졸업할 무렵, 전기차 GM 쉐비 볼트 Chevy Volt 에 배터리를 수주한 한국의 배터리 회사에 들어갔습니다. 처음 3년간은 엔지니어로 배터리 시스템의 개발 업무를 했고, 전 세계의 자동차 회사들과 협업했습니다. 새로운 제품을 만들어가는 재미에 빠져 들었습니다.

3년 후, 회사에서는 배터리 비즈니스가 급성장하자 고객들과 시장이 원하는 상품을 만들어야 하는 지휘관의 역할이 매우 중요해졌습니다. 본사 사업부 직속의 상품기획팀이 만들어졌고, 나는 엔지니어라는 배경을 살려 더 의미 있는 비즈니스를 만들고 확장하려는 목표를 세우고 있었기에 과감하게 비즈니스 업무로 커리어를 전환했습니다.

상품기획팀에서 일하면서 나는 지구상의 거의 모든 자동차 회사와 전기차 비즈니스 및 상품 회의를 했습니다. 각 OEM마다 특색 있는 방향성을 읽어내는 것이 흥미로웠고, 그것을 바탕으로 회사에서는 어떠한 상품을 기획해야 더 큰 영향력을 미칠 수 있을지 고민하면서 로드맵을 짰는데 그 일이 무척 재미있었습니다.

하지만 엔지니어 출신으로 본격적인 비즈니스 교육을 받지 않았던 터라, 내가 가지고 있는 지식과 역량이 이 일을 해내는 데 부족함은 없는지 스스로에게 질문하게 됐습니다. 재무, 정부 규정, 법률, 회계 등의 분야를 더 심도 있게 배워야 고객 및 시장과 보다 건설적인 대화를 나눌 수 있겠다는 생각에 비즈니스를 공부해보기로 마음먹었습니다. MBA는 수업을 통해 다양한 비즈니스의 지식을 배울 수 있을 뿐 아니라, 서로 다른 백그라운드를 가진 학생과 교류하면서 엔지니어링 이외의 사고의 폭을 확장할 수 있을 것이라 확신했습니다.

나의 열정은 전기차에 있습니다. 졸업 후엔 테슬라에 입사해서 전기차 산업 확장에 일조하고 싶습니다. 테슬라는 전 세계에서 가장 빨리 성장해서 이 분야를 선도할 것이라는 확신을 갖고 있기 때문입니다.

이 스피치 후 친구들 사이에서 나는 '미스터 테슬라'로 불리게 되었다. 전기차와 테슬라에 관련되어 궁금한 점이 있으면 대부분 나를 찾아올 정도였다. 또 학교 수업 중에 전기차나 친환경 케이스 스터디와 케이스 컴퍼티션 같은 대외활동이 있을 때는 함께하자는 제의가 들어왔다. 나 또한 다양한 활동을 하면서 전기차와 친환경 에너지에 대한 새로운 인사이트, 여러 종류의 고민거리들을 통해 생각의 폭을 넓힐 수 있었다. 그렇게 예일대 MBA에서 나의 브랜드는 자연스레 '미스터 테슬라'로 굳어졌다.

예일대 수업에서 배운 나만의 피자를 만드는 방법

'미스터 테슬라'로 이미지가 확고히 잡힌 후에는 관련 지식을 배우거나 커리어를 쌓을 때도 내 목표에 맞게 더 적극적으로 움직였다.

전기차 분야를 키워나가는 데 필요한 것이 무엇인지 고민하면서 경영대의 수업뿐만 아니라 다른 학과 수업도 들었다. 건축학과의 '도시 디자인 입문'Intro to urban design 수업에서는 주유소 기반의 인프라 시스템이 전기차 충전소로 바뀜에 따라 충전소 구축 전략이 전 세계의 도심화에 어떤 영향을 줄지 구상해보았다. 법학대학에서는 '로비 활동'Lobbying 수업을 들었다. 현재 자동차 산업을 지배하는 내연기관차와 정유회사들이 정부에 로비를 해서 그들의 비즈니스와 산업을 오랫동안 유지하려 할 때, 전기차 산업은 어떤 논리로 로비를 전개해야 할지에 대해 생각해보고 싶었다.

나는 심지어 미술대학에서 디자인학 수업Design: The Invention of Desire 도 들었는데 디자인 원칙을 익히고 새로운 제품과 비즈니스가 창출되기까지 필요한 요소들이 무엇인지에 대해 배웠다. 그리고 드라마학과에서는 '비주얼 스토리텔링'Visual Storytelling 이라는 수업을 들으면서 '전기차는 비싸고 실용성도 없을 뿐 아니라 못생겼다'라는 통념을 바꾸기 위해 어떤 스토리텔링이 필요한지 고민해보기도 했다. 그 외에 에너지 및 전기차 산업 그리고 기술에 관한 지식을 쌓기 위해 국제학과, 지질학과, 환경학과에서도 수업을 들었다. 특히 지질학과에서는 연구원으로 뽑혀 지열에너지에 관한 프로젝트를 수행했다.

'원하는 피자를 만들어 드세요'Build your own pizza 라는 말이 있다.

다른 학과의 수업들을 들으면서 나는 정말 나만의 피자를 만들 듯 원하는 주제와 분야들을 나의 필요에 맞게 디자인하면서 원 없이 배우고 생각하는 시간을 가졌다. MBA 수업을 들을 때는 수업에서 다루는 이론들을 테슬라와 전기차 산업 전반에 어떻게 적용할 수 있을지 고민했다. 특히 '경쟁 전략'Competitive Strategy 라는 수업에서는 특정 산업과 비즈니스가 리더로 자리 잡기 위해 어떤 전략을 수립했는지에 관해 다양한 케이스를 배울 수 있었다.

MBA 수업에서 '테슬라'라는 확신을 얻다

'테슬라는 왜 전기차 관련 산업의 역사를 새로 쓸 압도적인 리더인가, 그리고 앞으로도 그럴 수 있는가?' 첫 학기 내내 나의 화두는 이것이었다. 이 질문의 답을 찾기 위해 다양한 과목의 수업을 듣고 많은 사람들과 대화를 나누었다. 그리고 내가 내린 결론은 다음과 같다.

테슬라는 친환경적인 측면을 떠나서, 차량의 성능과 디자인 측면에서도 전기차가 내연기관차보다 훨씬 우월하고 매력적이라는 것을 모델 S와 모델 X를 통해 입증해보였다. 대중들이 전기차를 떠올리면 자연스럽게 테슬라를 연상할 정도로 전기차 시장에서 선도자의 우위를 얻었다.

특히 테슬라를 지지하는 전 세계 커뮤니티들이 테슬라 제품에 대해 다양한 피드백을 공유하고 개선점도 제안하고 있으며, 테슬라는 이들의 의견을 바탕으로 제품과 서비스를 적극적으로 개선해나가고 있다. 이처럼 네트워크 효과를 가장 잘 보여주고 있는 회사가 바로 테슬라다. 또한 제조 중심의 자동차회사들과는 달리 수직 통합 전략으로 직접 소프트웨어와 하드웨어를 만들고, 전기 충전소supercharging 인프라까지 개발 및 확장하고 있다. 이외에도 직접 판매를 통해 유통과 비즈니스 마진까지 컨트롤하며 테슬라만의 혁신을 지속해나가고 있다. 이로써 테슬라는 단연 전기차 업계의 리더로서 미래 시장을 선도해나갈 것이라는 확신을 갖게 되었다.

MBA에서 받는 '협상'Negotiation 수업의 주제 중 하나로 '파이를 키운 후 파이를 쪼개라'Grow a pie, and split the pie가 있다. 이는 산업이 성숙해 있지 않을 경우에는 서로 도와서 먼저 시장의 규모를 키운 후에 경쟁하자는 전략이다. 이는 전기차 산업에도 해당한다. 아직은 본격적인 성장기가 아니므로, 모든 이해관계자들이 우선 이 산업의 파이를 키우는 것이 급선무다. 그게 안 되면 경쟁 자체가 무의미하기 때문이다.

테슬라가 각종 개발 특허를 공개해서 관계자 모두 쓸 수 있도록 하는 것도 이런 전략의 일환이다. 이는 전기차 또는 배터리 회사를 경쟁 상대로만 보지 않고 '지속가능한 에너지로의 전 세계적 전환 가속화'라는 미션을 함께 수행해갈 동반자로 보고 있음을 보여준다. 선구자의 이러한 행보는 신생 전기차 회사를 비롯해 내연기관차 회사들의 전기차 전환을 본격화시키는 역할을 한다. 그래서 나는 테슬라가 전기차 산업의 재편에 있어서 가장 중요한 역할을 할 것이라는 결론을 내렸다.

이렇게 나의 MBA 과정은 에세이와 인터뷰 때의 계획대로 차근차근 진행되고 있었다. 모든 관심과 에너지는 전기차 산업을 이해하고 나만의 관점을 갖기 위한 데에 쓰였다. 그 과정에서 배움의 폭은 넓어지고 깊이도 생겼으며 속도는 빨라졌다. 다방면의 공부를 하면 할수록 더 확고해진 한 가지는 테슬라가 전기차 산업 재편에 가장 중요한 리더이기 때문에 미국 내 나의 커리어는 테슬라에서 시작해야 한다는 점이었다.

예일대 MBA 최초의
테슬라 인턴이 되다

MBA 졸업생들은 대부분 금융회사와 컨설팅 회사에 취업하는 경우가 많다. 그 이유는 여러 가지가 있겠지만 MBA에서 배운 지식을 산업 전반에 적용시키며 일할 수 있는 곳이 투자은행과 컨설팅이고, 단기간에 연봉과 몸값을 높이기에도 효과적이기 때문이다. 그 외에는 구글과 같은 소프트웨어와 서비스 위주의 테크 기업 혹은 비영리 재단에 뜻을 가진 학생들이 있었다.

하지만 MBA 커리어를 가지고 제조업에 뛰어드는 경우는 흔하지 않았다. 미국 사회 자체가 제조업에 관심이 덜할뿐더러, 일의 강도에 비해 연봉도 크게 매력적이지 않기 때문이다. 반면 나는 처음부터 제조업, 구체적으로 전기차 업계의 리더인 테슬라에서 일하겠다는 뚜렷한 커리어 목표가 있었으므로 대부분의 동료 및 선후배들의 취업 준비와는 다른 나만의 길을 가야 했다.

네트워킹을 통한 인턴십 도전하기

MBA 학생들에게는 1학년 수업을 마친 후 시작되는 '여름방학 인턴십'이 아주 중요하다. MBA를 마친 후 커리어가 이를 바탕으로 윤곽이 잡힌다고 보면 된다. 졸업 후 절반 이상의 학생들이 인턴십을 했던 회사로 가기 때문이다. 또한 인턴십 경험을 커리어의 무기로 사용해 더 나은 조건의 풀타임 채용 기회를 얻거나 그때의 피드백에 기반해 커리어의 방향을 전환하기도 한다. 그래서 학교에 입학하자마자 인턴십을 위한 여정도 바로 시작된다. 유명한 금융·컨설팅·테크 회사들이 학교로 와서 설명회를 열기도 하고, 반대로 학생들이 직접 나서서 선배와 회사 관계자들에게 접촉해 네트워킹을 한다.

미국에서는 '네트워킹'networking이라는 말이 꽤 범용적으로 쓰인다. MBA 프로그램뿐 아니라 취업 과정에서도 많이 사용되는데, 특히 실리콘밸리에서는 더 많이 쓰인다. 이는 동종 분야 사람들과 산업 동향에 대해 이야기를 하거나 경험을 나누는 것을 의미한다. 네트워킹의 범위는 나이, 학교, 산업 분야 등의 공통분모로 한정되지 않는다. 그리고 자칫 딱딱해질 수 있는 인터뷰 절차와 비교할 때 더 자연스럽게 사람의 철학과 성품을 알아갈 수 있는 기회가 된다. 이를 통해 당장은 채용에 도움을 얻지 못하더라도 지속적으로 연락하고 지내다 새로운 기회가 있을 때 연결되기도 하고, 관련된 사람을 서로 소개해주기도 해서 채용과 커리어에 간접적인 도움이 된다.

새로운 아이디어와 그에 따른 비즈니스 기회가 많이 생기는 실리콘밸리의 특성상 네트워킹은 고용주 입장에서는 해당 직무에 맞는 사람을 찾는 데 여러 강점이 있다. 네트워킹을 통해서 사람을 만나면 인터뷰를 통해 알기에 한계가 있는 다양한 백그라운드를 알 수 있고, 특히 소개를 통해 고용주에게 알려진 경우에는 인터뷰보다 신뢰도가 크다. 소개해 준 사람 입장에서의 평판도 있기 때문에 보증까지는 아니더라도 어느 정도 능력을 인정해 소개해줄 만하다고 판단한 것이기에 고용주 및 매니저는 지원자의 능력에 대한 불신을 줄일 수도 있다.

통상 실리콘밸리에서는 한국과 달리 연례적으로 진행하는 대규모 채용이 없고, 새로 생긴 롤을 바탕으로 필요에 의해 채용을 하는데, 주로 두 가지 방향으로 진행된다.

첫 번째는 채용자 추천 프로그램 referral 이다. 회사 내부에서 새로운 프로젝트에 관심이 있는 사람들이 지원하거나 이 프로젝트에 적격인 주변 지인을 추천할 수도 있다. 회사의 주주인 직원이 직접 추천하는 지원자는 회사에 득이 될 것이라는 전제 하에 채용하는 것이다. 이러한 시스템은 취업뿐만 아니라 미국 문화 전반에 적용되는데, 예를 들어 학교에 지원을 하거나 각종 커뮤니티 모임에 들어갈 때에도 추천제도가 있다.

두 번째, 회사 외부에 구체적으로 어떤 경험과 스킬을 가진 사람을 채용하고자 하는지 명확히 포스팅한다(아래 애플의 채용 요건을 참고해보자. 표시한 부분이 사실상 핵심이다). 이 경우 리크루터가 먼저 지원자를 걸러내고 어느 정도 자격이 된다는 판단이 들면 채용 매

● 애플 채용 요건

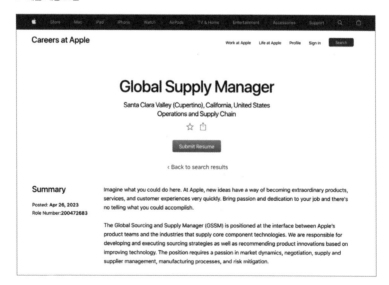

Key Qualifications
- BA/BS degree plus 3+ years of work experience, Masters degree or MBA is a plus
- Strong analytical and critical thinking skills
- Can build and develop key cross-functional relationships
- Superb communication and interpersonal skills
- Ability to handle and navigate sudden setbacks
- A tenacity and passion for negotiating
- Willingness to operate in a dynamic and ambiguous environment

1 | • Ability to make quick decisions with 80% information

2 | • Thirst for knowledge and ability to learn quickly

- Experience in legal documents a plus
- Experience in technology and/or operations a plus

Description

- Develop a nuanced understanding of the commodity landscape in order to forecast industry trends and gauge emerging competitive forces. Can perceive changes in buyer and supplier power within core materials markets and use industry dynamics to Apple's advantage.

3 | • Effectively work with suppliers to negotiate optimal terms for sourcing and price. Understand the trade-offs between cost, volume, and quality in order to strike agreements that meet Apple's performance criteria and secure long term supply continuity.

- Collaborate across the Apple organization to ensure business objectives are met. Includes the ability to rapidly synthesize and communicate findings to senior leaders and to actively identify potential supply issues that can affect product roadmaps.
- Optimize global supply chain performance through cost versus scenario analysis, and benchmarking.
- Develop an in-depth understanding of value-added manufacturing processes and costs, reverse logistics, market intelligence, and apply this knowledge to influence Apple's future product roadmap and sourcing decisions.
- Assess and mitigate risks to the business. Manage global supply chain disruptions in real time with the support of an international team.

Education & Experience

- BA/BS degree plus 3+ years of work experience, Masters degree or MBA is a plus

Additional Requirements

- Willingness to travel internationally up to 30%

Pay & Benefits

At Apple, base pay is one part of our total compensation package and is determined within a range. This provides the opportunity to progress as you grow and develop within a role. The base pay range for this role is between $109,000 and $164,500, and your base pay will depend on your skills, qualifications, experience, and location.

Apple employees also have the opportunity to become an Apple shareholder through participation in

---

1 80% 정보만으로 빠른 의사결정을 할 수 있는 능력.

2 새로운 것을 배우는 데 흥미가 있고, 빨리 습득할 수 있는 능력.

3 공급업체들과 효율적으로 일하며 제품의 가격과 계약 조건들을 협상하는 일. 애플의 성과를 달성하고 제품의 공급 확보를 위해 원가, 물량, 품질의 상관관계를 파악해야 함.

출처: jobs.apple.com

니저와 대화를 할 수 있게 연결시켜주는데, 채용자 추천보다는 채용 프로세스가 훨씬 길고 까다롭다. 결과적으로 두 가지 방향 모두 채용 모집을 하고 있는 실무 하이어링 매니저_{hiring manager}가 채용 여부 권한을 가지고 있다.

한국에서 나고 자란 나로서는 미국의 이런 시스템을 알 리가 없었고, 무엇보다 미국 내 네트워크는 그야말로 제로였다. 더불어 MBA에서는 비주류인 제조업 커리어를 추구하고 있었기 때문에 남들보다 몇 배는 더 노력해야만 나만의 인턴십 기회를 잡을 수 있었다. 그래서 나는 입학과 거의 동시에 에너지 클럽과 테크놀로지 클럽에 가입해 리더로 활동했다. 엔지니어링 출신으로 새로운 기술과 에너지에 관심이 있었기 때문이다.

그 후 학교 클럽에서 테크놀로지 포럼을 개최하고 학생들 간의 지식 공유를 도모하는 행사도 주최했다. 예를 들어, 에너지 클럽에서는 '지식 공유'knowledge sharing 라는 월별 활동을 주최해서 클럽 멤버들이 학교에 들어오기 전에 몸담았던 산업에서의 경험과 인사이트, 산업이 앞으로 나아갈 길 등에 대해 서로 의견을 공유하는 자리를 만들었다. 이러한 활동을 통해 선배와 동기들과 네트워킹할 기회가 많아졌고 클럽 일을 넘어서서 다양한 사람들과 대화하고 인연을 이어나갈 수 있었다.

'미스터 테슬라, 기가팩토리로 오세요'

어느 날 에너지 클럽의 선배 콜린이 클럽 주간행사가 끝난 후 나에게 말을 걸어왔다.

"케빈, 아까 클럽에서 네가 배터리 산업과 기술에 대해 설명하는 걸 봤어. 친환경 에너지와 전기차에 아주 열정적이던데! 너, 테슬라나 일론 머스크에게도 관심이 많지?"

"물론이지. MBA를 마친 후 테슬라에서 일하면서 세상을 바꾸고 싶어. 그게 내가 미국에 온 이유야."

"역시 그럴 줄 알았어. 우리 동기생 중에 스페이스엑스Space X(일론 머스크가 설립한 우주탐사 기업)에서 인턴십을 한 친구가 있어. 소개시켜 줄까? 너랑 공유할 이야기가 많을 것 같아."

"와우! 물론이지, 고마워."

테슬라는 아니지만 일론 머스크의 회사에서 일했다면 어떻게 사고해야 기존에 없는 새로운 제품을 만들 수 있는지에 관한 영감을 얻을 수 있을 것 같았다. 테슬라로 향하는 첫 발자국을 내딛고 있다는 생각에 설렜다.

일주일 뒤, 나는 콜린의 소개로 스페이스엑스에서 인턴십을 했던 선배와 커피타임을 가졌다. 우선 나의 3분 버전 피치를 시작했다. 그리고 일론 머스크와 기술의 미래에 대해 한 시간 정도 이야기를 나누었다. 스페이스엑스는 테슬라와는 별개의 회사지만 재활용 로켓을 개발해 우주산업을 선도하겠다는 강력한 실행정신을 가진 회사라서 스페이스엑스의 경험을 듣는 것만으로도 테슬라의 일하는 방식을 유추해볼 수 있는 기회가 되어주었다.

대화가 끝나고 그 선배는 나에게 놀라운 제안을 해왔다.

"테슬라는 지금 너 같은 사람이 필요해. 내가 스페이스엑스에서 일할 때 같이 일했던 프로젝트 매니저가 작년에 테슬라로 옮겨 갔는데 연결시켜 줄게. 이야기를 나눠봐!"

이후 그 선배가 소개해준 테슬라 프로젝트 매니저와 이야기를 나눈 후 나는 테슬라의 채용 부서 직원을 소개받았다. 이렇게 여러 사람과의 기나긴 네트워킹을 통해 테슬라 공식 인턴십에 지원하게 됐다.

보통 MBA 학생들의 타깃 회사는 일반 대학생들이 지원하는 인턴십과는 달리 'MBA 인턴십'이 따로 있다. 주로 비즈니스에 특화된 프로젝트로 프로그램을 진행한다. 하지만 일론 머스크는 제품을 만들 수 있는 엔지니어 양성을 중요하게 생각하기 때문에 MBA의 가치에 대해서는 다소 회의적인 반응을 보여왔다. 당연히 테슬라에는 별도의 MBA 인턴십이 있을 리가 없었다.

테슬라는 일론 머스크가 모든 지원자에 대한 최종 채용 승인을 하는데, MBA에 대해 색안경을 끼고 있을 그에게 나의 스토리를 온전히 전달하는 게 중요했다. 이력서와 지원 프로세스에서 나의 경력 및 MBA 과정을 통해 배우고 연마한 스킬 등이 가능한 잘 드러나게 하고 싶었다.

이력서는 한국 배터리 회사에서 연구한 내용과 상품기획 팀에서 이룬 비즈니스 성과를 수치화해서 정리했다. MBA 활동 내용으로는 테크놀로지 및 에너지 클럽에서 이끌었던 프로젝트 내용을 추가하고, 내가 얼마나 테슬라 인턴십에 최적화된 학생인지 구체적으로 주장하는 글을 담았다.

나는 당신이 별로 호의적으로 생각하지 않는 MBA 출신이지만, 그 누구보다 제조업의 중요성을 알고 있는 엔지니어링 마인드를 가진 지원자입니다. 테슬라의 미션을 달성하기 위해 엔지니어 시절 배우지 못한 공부와 대외활동에 온 힘을 쏟아 나를 개발하고 있습니다.

수업을 마치고 점심을 먹으러 가는 길이었다. 스마트폰을 켜자마자 리크루터인 로샨으로부터 한 통의 문자가 와 있었다. '케빈, 오늘 5분 정도 시간 있어?' 항상 내가 리크루터에게 연락을 했었는데 처음으로 리크루터가 먼저 연락을 해온 것이다. 뭔가 기분이 이상했다. 두근두근 설레면서도 긴장된 마음으로 전화를 걸었다.

"축하해! 네가 인터뷰한 기가팩토리 디자인팀에서 너에 대한 기대가 아주 커. 다들 흥분해 있어!"

"와! 로샨, 정말 고마워. 네 덕분이야. 내 꿈이 이루어지는 순간이야."

"그리고 너를 인터뷰한 배터리 프로그램 매니저도 네가 좋대. 이제 선택은 네 몫이야."

한 팀도 아니고 두 팀에서 나를 원하다니! 전화를 끊자마자 너무 기뻐서 환호성을 질렀다. 그 순간을 영원히 잊지 못할 것이다. 배터리 구매와 기가팩토리 디자인 두 가지 옵션 모두 나의 배터리 백그라운드와 밀접한 관계가 있다. 하지만 세계 최초의 기가팩토리를 짓는 일은 다시없을 좋은 기회였다. 결국 나는 네바다 사막에서 1학년 여름방학을 보내기로 결정했다.

네바다 사막 한복판에서
'하면 된다'를 깨우치다

테슬라 인턴십은 말 그대로 사막 한가운데에서 진행되었다. 기가팩
토리 현장은 카지노의 도시 리노에서 차로 30분가량 떨어진 곳에
있었다. 공사 중이라는 말은 들었지만 그래도 세계 최대의 리튬이
온전지 공장이니까 내심 기대가 됐다.

마침내 도착한 기가팩토리, 그런데 여기가 사무실이라고?

하지만 막상 도착해보니 그야말로 흙먼지가 휘날리는 사막 한가운

데에 공사현장이 덩그러니 놓여 있었고, 현장 주변에는 공사업체들이 임시 사무실로 쓰는 컨테이너들만이 널려 있었다. 사람들은 주로 한편에 놓인 간이책상에서 업무를 보는 듯했는데, 기계를 다루던가 공사 현장에 있던가 하여 종종 자리를 비웠다. 한마디로 사무실이면서 공사판이자 공장인 곳이었다. 어느 정도 예상은 했지만 막상 눈앞에 펼쳐진 광경을 보니 놀라움을 금할 수 없었다. 그곳에는 여기저기 돌아다니는 미니 크레인들과 물건을 나르며 분주하게 움직이거나 부품을 조립하는 기계들이 내뿜는 소리가 가득했다.

직원들의 생김새와 인종, 나이, 옷차림 등 모든 것이 제각각이었다. 하지만 그들에겐 한 가지 공통점이 있었다. 모두 다 무언가에 강하게 몰입하고 있다는 것이다. 공장 디자인을 하는 사람들은 설계도를 보면서 공장의 다양한 구역들을 이리저리 점검하고 있었고, 임원처럼 보이는 사람들은 실무자들 옆자리에 앉아서 각종 그래프와 엑셀이 가득한 모니터를 뚫어져라 쳐다보고 있었다. 안전 헬멧을 쓴 직원들은 삼삼오오 모여서 화이트보드에 열심히 숫자를 적어가며 회의에 집중하고 있었다.

'나 여기서 적응할 수 있을까?' 잠깐 그런 생각도 들었지만 동시에 정신이 번쩍 들었다. 오히려 내가 예상했던 모습과 달랐기에 이곳에서라면 무엇이든 도전해봐야겠다는 용기가 생겨서였다.

인턴십에서 빛을 발한 MBA의 세 가지 교훈

나의 인턴십 프로젝트는 팩토리 디자인팀에서 기가팩토리를 건설하는 일이었다. 기가팩토리는 테슬라의 미션을 실현하기 위해 핵심적인 역할을 할 공장으로 대중을 타깃으로 한 모델 3의 주요 부품들을 생산할 곳이었다. 당시의 하이엔드 제품인 모델 S와 X의 플랫폼에서 모델 3로의 플랫폼 전환은 회사가 갖고 있던 장기적인 비즈니스 계획에서 가장 중요한 이정표였다.

테슬라의 제품이 대중화되기 위해서는 공장의 운영 효율을 극대로 높여야만 했다. 배터리 등 주요 생산부품들의 가격을 낮추어야하기 때문에 기존의 공장 콘셉트는 모두 버리고 기가팩토리 자체를 새로운 제품으로 생각하는 발상의 전환이 필요했다.

첫날 하이어링 매니저와 만나 내가 수행할 프로젝트에 대해 이야기를 나누면서 나의 한 가지 목표를 공유했다. MBA에서 배웠던 각종 툴과 이전 배터리 분야에서 경험한 것들을 바탕으로 3개월 동안이지만 내 모든 역량을 끌어내 테슬라의 미션에 도움이 되겠다고. 그래서 MBA에서 깨달은 것들을 인턴십 때도 적용해 보려고 했다.

고민할 시간에 행동하라

MBA에서 '혁신자'Innovator 라는 수업을 받을 때다. 수업 중 한 세

션에서 '마시멜로 챌린지'marshmallow challenge 라는 액티비티 프로그램이 있었다. 네 명으로 구성된 그룹들에게 제한된 10분 안에 스파게티 스틱 20개와 테이프를 사용해 구조물을 만들고 마시멜로를 구조물 끝에 올려 가장 높은 구조물을 만드는 팀이 이기는 게임이다. 이는 구성원들이 단시간 내에 성과를 내기 위해 협업해야 하는 실험이다.

내가 속한 팀은 먼저 구성원들 간의 아이디어를 들어보고 스케치도 해보면서, 그중 가장 좋은 아이디어로 구조물을 짓자는 결론을 내렸다. 팀원들은 구조물을 만들어내기 위해 3분간 각자 생각을 하고 5분 동안 아이디어에 대해 토론을 한 후, 남은 2분 동안 구조물을 지어보며 맨 위에 마시멜로를 올려보겠노라고 고군분투했다. 하지만 타이머가 울리고 마시멜로에서 손을 떼는 순간, 구조물은 와르르 무너져버렸다.

이 마시멜로 챌린지는 나이에 상관없이 하는 대표적인 팀 활동인데, 놀라운 사실은 유치원 아이들이 성인들보다 더 높은 구조물을 빠른 시간에 성공시킨다는 것이다. 아이들은 우리와 달리 계획에 많은 시간과 에너지를 쓰거나 여러 가지 가정을 통해 미리 정답을 도출하기보다는 바로 실험을 하면서 짓기 시작한다. 먼저 손이 가는 대로 스파게티 스틱들을 집어서 이리저리 놓아보고 구조물을 만들어본다. 부러뜨려보기도 하고 마시멜로를 먼저 스파게티 스틱에 꽂아보기도 한다. 물론 초반에는 쓰러지고 부러지지만 재빨리 개선시켜나가며 다시 짓기를 반복한다. 그러다 보면 성공하는 구조물이 나오기 마련이다. 아이들은 어른들처럼 '이래서 불가능하고 저래서 안 될 것 같다'며 스스로 제약을 만들지 않고 무조건 높이 쌓겠다는 의지 하나와 그 목표를 향한 지치지 않는 실험정신으로 이를 가능하게 한다.

나에겐 기가팩토리 디자인이 바로 마시멜로 챌린지와 같은 상황이었다. 최적의 목표를 성취해내기 위해 어떻게 지어져야 할지 아무도 정답을 알 수는 없었다. 다만 한 가지 분명한 사실은 각각의 팀들이 통념에 얽매이지 않고 자신들만의 전문 역량을 발휘해 과감하게 짓기 시작해야 최소한 이전의 공장보다는 나은 공장이 탄생한다는 것이었다.

나는 디자인팀 프로젝트 매니저로서 마시멜로 챌린지의 교훈을 통해 공장의 설계 전문팀들과 코디네이션을 하며 각 팀들로부터 최대한 혁신적인 결과를 끌어냈다. 각 팀의 일정과 결과물이 다른 팀 및 전체의 일정에 악영향을 미치지 않도록 설계 프로세스를 재정립하고, 팀으로부터 예상되는 결과물들이 전체 프로세스 상 어떤 연관이 있는지 보기 쉽게 정리했다.

문제를 해결할 땐 사고의 프레임을 바꿔라

MBA 수업 중 '모델 기반의 의사결정'Modeling Managerial Decisions 에서는 데이터를 이용해 의사결정하는 사례들을 많이 다룬다. 이 수업에서 가장 인상 깊었던 사례는 기초 프레임워크에 따라 결론이 어떻게 바뀌는지를 보여주는 것이었다. 즉 비즈니스 결정에서는 어떤 기초 질문을 하고 어디에 초점을 맞추어 무엇을 개선하려고 하는지가 실제 액션을 결정한다는 것이다.

수많은 정보 속에서 빠른 결정을 내려야 하는 디자인팀에서 일하는 동안은 모든 상황에서 100퍼센트 옳은 결정을 하지는 못하지만, 어떤 접근법을 사용하면 최대한 옳은 결정을 할 수 있을까 많이 고민했다. 그러다가 테슬라의 '제1원칙 사고'를 알게 되어 기초 프레임워크를 짤 때 많은 인사이트를 얻었다. '제1원칙 사고'의 핵심 내용은 문제를 풀거나 새로운 것을 개발할 때 기존의 통념대로 미리 가정해서 무궁한 가능성에 제약을 걸지 않고, 우리가 100퍼센트 확신할 수 있는 가장 근본적인 진리로부터 시작해 새로운 발견 및 문제를 풀어나가는 것이다.

이는 테슬라의 엔지니어링 부서가 연구개발을 할 때뿐 아니라, 비즈니스와 디자인팀에서도 유용하게 쓰일 거라는 확신이 들었다. 인턴십 내내 대부분의 문제 해결 과정에 이 원칙을 사용하려고 노력했다. 인턴십이 끝날 쯤에는 기가팩토리의 특정 제조공정에 대한 병목공정 bottleneck process 의 해결방안을 이 사고를 활용해 찾아냈다 (이 사고법에 대해서는 제3장에서 자세히 다룰 예정이다).

제조의 결과물이 나오기 위해서는 공정에 드는 '물량＝장비 가동률/제품을 하나 만드는 데 드는 소요시간×수율'이라는 '제1원칙 사고'를 활용해 명확히 각 공정마다 나오는 아웃풋을 계산해야 한다. 그런데 이 원칙을 사용하기 전까지는 변수들이 공정마다 얽혀 있어 아웃풋 도출이 어려웠다. 나는 제조 운영을 담당하는 부서에 나의 분석모델을 공유하고 특정 공정의 설계 변경에 대해 제안했다. 결국 그를 통해 생산 목표를 달성할 수 있게 되었다. 사고의 방식만 전환해도 일의 방법과 내용 나아가 결과까지 달라지는 것을 경험하면서 '제1원칙 사고'를 나의 문제해결 첫 번째 툴로 활용하기로 결심했다.

기업 경쟁력의 본질을 생각하라

'경쟁자'Competitor 수업에서는 비즈니스가 마켓에서 경쟁력을 가질 수 있는 요소들을 다루었는데, 가장 인상 깊었던 부분은 기업의 이익 구조였다. 물론 기초산업부터 고부가가치산업까지 제각각이지만 어떤 비즈니스 모델이 제품과 서비스의 가격 경쟁력을 높일 수 있을지에 대한 시사점을 얻을 수 있었다.

전통적인 내연기관차 업체의 경우에는 대부분 외부 서플라이어들에게 부품을 공급받아 조립 위주의 생산을 한다. 이럴 경우 서플라이어들이 청구하는 기업 이익에 덧붙여 그들이 작업 중 외주를 주는 비용도 제품 가격에 반영된다. 이러한 구조를 통해 제품 가격은 눈덩이처럼 불어난다. 최악의 경우에는 실제 물건을 만드는 데 들어가는 원재료와 가공비 비중보다 간접비용이 더 커져버리기도 한다. 즉 외주 생산으로 비즈니스 모델이 형성되면 제품을 구매하는 완성차 업체의 입장에서는 가격 통제가 힘들어지고, 결국 시장에서 가격 경쟁력 있는 제품을 생산하기 힘들어진다.

테슬라의 기가팩토리는 이러한 문제점을 해결하는 핵심적인 역할을 하는 전진기지다. 따라서 비싼 구조로 개발되던 전기차의 핵심 부품들에 챌린저 역할을 하려면 다단계 방식으로 불어나버려서 비효율적인 가격 구조를 깰 수 있는 '수직 통합'vertical integration 이 답이었다. 이러한 큰 틀의 의미를 알고 매일매일 업무를 대하는 것과 그저 시키는 일을 해나가는 것은 매우 큰 차이를 낳는다.

3개월간의 인턴십에서 얻은 최고의 소득

나의 모든 역량을 끌어올리며 전력을 다했던 3개월간의 인턴십 기간이 훌쩍 지나갔다. 내가 구체적으로 세웠던 목표에 맞게 인턴십 프로그램도 성공적으로 마무리가 되었고, 나만의 맞춤형 배움을 얻을 수 있었다. 마지막 날 바라본 기가팩토리는 여전히 공사 중이었다. 하지만 3개월 전과는 완전히 다른 공장이 되어 있었다.

테슬라에서의 인턴십 후 내가 얻은 가장 큰 소득은 질문하는 법을 배운 것이다. 기가팩토리의 미션을 성공시키기 위해서는 실제로 프로세스와 디자인이 어떻게 만들어져야 하고 기존의 방법에서 무엇이 개선되어야 할지에 대해 볼트와 나사까지도 디테일하게 파악해야 한다. 그러기 위해서는 질문을 구체적으로 해야 했다. 상품기획 일을 할 때 내연기관차 회사와 업무하면서 했던 질문들을 떠올려보면 내가 얼마나 성장했는지 알 수 있었다. 그때의 질문은 본질을 파악하는 데 도움이 되지 않는 추상적인 내용들이었다.

테슬라 직원들의 거침없는 도전정신과 아이디어가 모이면 문제
해결 및 실행의 속도가 기존 산업과 비교했을 때 '열 배 이상의 자
릿수 차이'가 날 수밖에 없다는 확신이 들었다.

테슬라 기가팩토리에서 일하고 있던 한 여름, 예일대에서 나의 인턴십 경험을 취재하고 싶다고 하였다. 나의 현장 경험과 MBA에서 배웠던 것을 어떻게 일에 적용시키고 있는지 블로그 형식으로 정리하였다. 그 페이지를 독자들과 공유한다.

Internship Spotlight: Kevin Park '17

Kevin Park | August 9, 2016

What are you doing this summer? We asked rising second-year MBA students to check in from their summer internships, where they are applying the lessons of their first year at Yale SOM.

Kevin Park '17

Internship: Tesla Motors, Inc., Gigafactory, Sparks, Nevada

Home country: Seoul, South Korea

Favorite Yale SOM Class: The Executive

1 My summer at **Tesla** has been priceless. I have worked on various projects within such a short time, and because Tesla is a unique place that is both a big company and a startup, everyone can make a direct impact. I learned to be agile and that, when employees are aligned with a mission like they are at Tesla, the organization can achieve impressive goals very quickly.

2

"As part of the Gigafactory design team, I am building Gigafactory 1, a factory that is critical to launch an affordable, mass-market electric vehicle, Model 3. We refer to our work as "building a machine (Gigafactory) that builds the machine (Model 3)." I have been leveraging what I have learned at Yale SOM by taking into consideration multiple stakeholders — competitors, customers, investors, employees, innovators, and executives. I've also recognized three principles from SOM in practice at Gigafactory."

Tesla Model S and X

The first involved reinventing manufacturing processes by imagining the factory as a product and to never stop innovating. Similar to the marshmallow challenge in Innovator class, balancing innovation and structure is key to achieve this goal. Therefore, I designed a new workflow that optimized the engagement between teams and clarified deliverables. This helped reduce the overall factory design schedule from 17 months to only three.

Second, Tesla uses first principles physics analysis for all work, from development to decision making. As I learned in Modeling Managerial Decisions class, the frame that I use at the very first stage affects whole processes and results. I used this approach when designing battery manufacturing processes to optimize the speed and density of production, and suggested a plan to reduce inventories by 43% at the bottleneck process.

Third, I experienced the true value of vertical integration at Tesla, which I learned in Competitor class. The success of our mass-market vehicle depends on how we can eliminate double, triple, and quadruple marginalization. I am working on a battery recycling project to revise the supply chain by recycling raw materials from both manufacturing processes and end-of-life products.

3

On July 29, we had the Gigafactory grand opening event. I volunteered to run the test drive of Model S and X for our guests. My colleagues and I shared the very same passion for Tesla as our customers. We shouted with joy when Elon Musk gave a speech for the event, saying Gigafactory will have the largest footprint of any building in the world. This summer was the pinnacle of my life, and I am lucky to be on board in this world's transition to sustainable energy. Thank you, Yale SOM and Tesla.

Watch a **video** about the Tesla interns' experience this summer.

출처: som.yale.edu 블로그

1 테슬라에서의 여름은 정말 값진 시간이었습니다. 짧은 기간 내에 다양한 프로젝트에 참여하였고, 테슬라는 큰 기업이자 스타트업이라는 독특한 곳이기 때문에 누구나 직접적인 영향력을 행사할 수 있었습니다. 나는 유연성을 배웠으며, 테슬라처럼 직원들이 미션을 위해 일한다면 조직은 매우 빠르게 목표를 달성할 수 있다는 것을 깨달았습니다.

2 나는 기가팩토리 디자인팀의 일원으로서 저렴하고 대중적인 전기차 '모델 3'를 출시하기 위해 중요한 역할을 하는 기가팩토리 1을 짓고 있습니다. 우리는 우리의 일을 "기계(모델 3)를 만드는 기계(기가팩토리)를 만드는 일"이라고 부릅니다. 나는 예일대 경영대학원에서 배운 내용을 활용하여 경쟁업체, 고객, 투자자, 직원, 혁신자 및 임원들과 같은 다양한 이해관계자들을 고려하여 일하고 있습니다. 또한, 경영대학원에서 배운 내용들 중 세 가지가 기가팩토리에서도 역시 적용되는 것을 확인할 수 있었습니다.

3 7월 29일에 우리는 기가팩토리의 화려한 개장 이벤트를 가졌습니다. 나는 손님들을 위해 모델 S와 X의 테스트 드라이브를 진행하는 자원봉사자로 참여했습니다. 동료들 그리고 고객들과 함께 테슬라에 대한 열정을 공유했습니다. 일론 머스크가 이벤트에서 "기가팩토리는 세계에서 가장 큰 면적을 가지는 건물"이라고 말했을 때 우리는 기뻐서 함성을 질렀습니다. 이번 여름은 나의 인생에서 정점이었고, 세상이 지속가능한 에너지로 전환되는 움직임에 참여할 수 있어서 행운이었습니다. 예일대 경영대학원과 테슬라에 감사의 말을 전합니다.

제 2 장

역주행

: 박수 칠 때가 아닌 편안해질 때가 떠나야 할 때다

디렉터 토니가 물었다.
"지금 테슬라의 직원들은 오히려 애플로 오려고 해요.
왜 케빈은 역주행하려고 하나요? 왜 곧 망할지도 모르는 회사에 가려는 거죠?"
나의 대답은 아주 간단했다.
"내가 테슬라를 살릴 겁니다."

구매의 사관학교,
애플에 입학하다

MBA 학생들은 졸업 시즌이 되면 두 갈래로 나뉜다. 한쪽은 풀타임 잡을 찾아서 여유 있게 남은 학교생활을 누리는 친구들과 다른 한쪽은 수업을 빠지면서까지 구직 활동 하느라 바쁜 친구들이다. 일할 곳이 확정된 이들 중 절반 이상은 인턴으로 일했던 회사에 돌아가는데, 대개 인턴을 마칠 시점 회사로부터 풀타임 오퍼를 받곤 한다. 반면 인턴십 때 일한 회사가 아닌 다른 회사로 가기 위해 구직 활동을 하는 경우도 있다. 이는 인턴십을 통해 자신의 열정이나 배움에 대해 재조명을 하였거나 풀타임으로 채용되길 희망했지만 회사 측의 비즈니스 상황이나 퍼포먼스의 이유로 채용되지 못했기 때문이다.

나는 위의 두 가지 이유 모두에 해당했다. 인턴을 마치며 회사로부터 풀타임 추천을 받긴 했지만 회사에서 확정 오퍼를 주지는 않았다. 테슬라는 비즈니스 특성상 워낙 조직의 변화가 빠르기 때문에 1년 이후의 오퍼를 미리 내지는 않는다. 나 또한 테슬라로 돌아가서 인턴 기간의 '학습 곡선'learning curve을 다시 만들어낼 자신이 없었다. 학습 곡선은 특정 기술과 지식을 실제 업무 환경에서 효율적으로 활용하기 위해 드는 학습 비용을 의미하는 말이다. 처음에는 학습 효과가 더디다가 어느 정도 이해를 하고 나면 빠르게 습득하는데, 그 후에는 다시 더뎌진다.

테슬라에서의 인턴 경험은 너무나도 인상적이었고 내가 꿈꿔왔던 회사에서 일하는 자부심도 있었다. 하지만 그곳에 돌아가게 된다면 대략 할 일들이 예상되었고, 어떤 식으로 더 배우며 성장할 수 있을지도 가늠할 수 있었다. 그렇다면 다른 환경에서 새로운 각도로 나를 트레이닝 시키는 것이 더 효과적일 수도 있겠다는 생각이 들었다. 나에게는 '열정이냐, 배움이냐'의 선택만이 남았다.

커리어에 관한 세 가지 축의 변화

계속 고민하던 나는 답을 찾기 위해 실리콘밸리의 테크 기업에 근무 중인 선배들에게 정보 공유를 부탁했다(이를 정보성 인터뷰 informational interview 라고 한다). 선배들은 프로그램 매니저부터 구매까지 다양한 업무를 하고 있었다. 그들은 졸업 당시 왜 그 업무와 회사를 선택했으며, 진짜 목표를 향해가는 길에 지금 하고 있는 일이 어떤 도움을 주고 있는지 등 인생 스토리와 커리어 선택에 대한 이야기를 들려주었다. 그들 중 애플에서 글로벌 서플라이 매니저 Global Supply Manager, GSM (이하 GSM)로 일하고 있던 에릭의 말이 아직도 기억에 남는다.

"케빈, 이곳에서의 일은 한마디로 정의하면 돈을 받으면서 MBA를 한 번 더 다니는 느낌이야."

"응? 그게 무슨 뜻이야?"

"MBA에서 공부할 때 투자자, 고객, 경쟁사 등 다양한 주체의 관점에서 사고하며 배우고 생각해야 하잖아. 여기서도 마찬가지야. 서플라이어 supplier (공급자)를 관리할 때는 투자자 관점에서 어떤 회사에 투자할지 평가하고, 제품을 살 때는 고객의 입장에서 사게 되니까 어떤 잣대로 품질이나 가격을 평가하고 개선시킬지 고민하게 돼. 게다가 경쟁 구도뿐 아니라 서플라이어와 제품의 트렌드는 어떻게 바뀔지 MBA 관점으로 사고할 수 있거든."

"완전 'MBA 시즌 2'구나!"

"다른 점은 학교에서는 활용해볼 수 없었는데, 여기서는 의사결정까지 이루어지고 실제로 눈앞에서 그 결과를 볼 수 있다는 거야. 나의 결정이 비즈니스에 어느 정도 영향을 미치는지 바로 확인하니 신기하면서도 보람돼."

애플은 워낙 글로벌 서플라이 체인supply chain(공급망)이 잘 꾸려져 있기 때문에 글로벌 비즈니스를 배우고 경험하기에 최고의 회사임은 분명했다. 문득 나를 미국에 오게끔 만든 원래 동기가 떠올랐다. 나의 열정은 전기차와 친환경 사업에 있음은 변함이 없다. 그 사업에 공헌하기 위해 한국에서 경험한 엔지니어링 및 상품기획 이외에 글로벌 비즈니스 역량을 키우고 싶었다.

그런데 MBA에서 배운 내용들을 실전에서 마음껏 적용하며 일을 할 기회를 가진다면 나의 역량을 더 발전시킬 수 있을 것 같았다. 또한 전기차 분야에서 익힌 지식과 쌓아온 경험만으로 문제를 해결할 것이 아니라, 우물 밖에서 배운 것들로 전기차 산업을 참신한 시각으로 바라보면 문제를 해결하는 데 도움이 될 수 있겠다는 믿음이 생겼다.

보통 MBA에서 커리어 전환을 하는 경우는 세 가지 정도가 있다. 첫째는 MBA 전에 컨설팅 분야에서 일하다가 금융 쪽으로 바꾸는 등 '산업'의 전환, 둘째는 엔지니어에서 프로젝트 매니저로 전환하는 등 '역할'의 전환 그리고 셋째는 한국에서 일하다가 미국에서 일하는 등 '위치'의 전환이다. 이 세 가지 중 성공률과 난이도 그리고 커리어 만족도 측면에서는 한 가지 혹은 두 가지 전환이 일반적이고 세 가지 모두 바꾸는 경우는 매우 큰 폭의 변화이자 리스크가 있는 경력의 변화라 볼 수 있다.

나의 커리어 전환을 예로 들어보자. 원래 나의 미국 커리어 목표는 테슬라였다. 하지만 인턴십에서 얻은 나름의 성찰과 네트워킹으로 애플의 구매 조직(서플라이 매니지먼트)으로 방향을 선회했다. 이때 두 가지 사항을 고려했다.

첫째, 테슬라로 돌아간다면 프로젝트와 프로그램 매니저로 일하게 될 가능성이 컸다. 이는 한국에서 하던 상품기획의 역할이 프로젝트 매니지먼트 성향을 가졌음을 고려한다면 0.5의 역할 전환이 되겠고, 한국에서 미국으로의 위치 전환까지 고려한다면 1.5의 전환이 된다. 둘째, 애플로 간다면 세 가지를 모두 다 바꾸게 된다. 상품기획 혹은 엔지니어링과는 전혀 다른 새로운 업무, 서울이 아닌 실리콘밸리, 전기차가 아닌 전자제품으로의 산업 전환, 즉 세 가지 축의 완전한 전환이었다.

애플의 구매 조직으로 방향을 바꾸자 지원 준비 내용은 더 많아졌다. 구매 업무는 경험이 없다 보니 구매의 정의부터 나만의 철학과 원칙을 만들어야 했다. MBA 지원처럼 매년 여러 차례 도전할 수 있는 것도 아니고 졸업과 동시에 취업을 해야 하는 단 한 번의 기회였으므로 MBA에 두 번째 도전하던 시절처럼 오로지 여기에만 집중했다.

애플이냐 테슬라냐, 선택의 기로에 서다

애플에 지원하자마자 구매 조직 실무자들과의 전화 인터뷰 일정이 잡혔다. LG와 테슬라에서 일하면서 경험한 제조업에 대한 나의 견해와 MBA 수업에서 배운 것들을 바탕으로 구매가 비즈니스의 목적을 달성시키기 위해 어떻게 더 큰 활약을 할 수 있을지, 왜 애플이 구매를 잘할 수 있는지에 대한 나만의 비즈니스 인사이트를 정립했다.

그리고 그 분야에 있는 선배들에게 시간을 내달라고 부탁해서 구매 조직에서는 매일 어떤 대화들이 오가는지, 서플라이어 및 내부 팀들에게 무슨 질문을 하며 어떤 문제를 해결하고 있는지 등을 확인했다. 또한 그 선배들에게 모의면접mock interview도 요청해서 나의 구매에 대한 개념과 문제해결 원칙이 그들의 사고방식이나 접근법과 비교해 참신한가에 대한 피드백을 받았고 그를 통해 나의 접근법을 개선시켜 나갔다.

전화 인터뷰는 무사히 잘 마쳤다. 이후 대면 인터뷰on site interview 일정이 잡혔다. 캘리포니아에서 진행된 인터뷰는 나를 포함해 여러 인터뷰 참석자들과 1:1 인터뷰 형식으로 진행되었기에 이른 아침에 시작했지만 저녁이 되어서야 마무리되었다. 구직 인터뷰는 MBA 인터뷰 때와는 달리, 인터뷰를 마친 후 내가 잘했는지 못했는지 전혀 감이 오질 않았다. 다만 후회 없이 할 말은 다했다는 기분은 들었다.

이후 테슬라에서도 프로그램 매니저 직의 인터뷰 스케줄이 잡혔다. 애플 구직을 준비하며 알게 된 것은 구매자의 역할은 프로젝트와 프로그램 매니저의 역할도 포함하고 있다는 점이었다. 서플라이어들이 제품 납기를 지키기 위해 노력하는 동안, 나는 그들의 제품 개발 및 양산 일정도 관리하고 회사 내 유관 부서들과는 제품 검증이 차질 없이 진행되고 있는지 챙겨야 하기 때문이다.

애플과 테슬라의 인터뷰가 모두 끝난 후 며칠 지나지 않은 어느 날이었다. 거의 비슷한 시기에 두 회사 리크루터들로부터 합격 연락이 왔다. 애플의 디스플레이 구매 조직과 테슬라의 배터리 프로젝트 매니지먼트 조직이다. 두 회사 모두 합격 통보를 받는 순간의 기쁨은 이루 다 말로 표현할 수가 없었다. 한국에서 직장생활과 MBA 준비를 함께하며 보낸 지난한 시간, 낯선 환경에서 모든 걸 스스로 헤쳐나가야 했던 순간들이 단번에 보상받는 기분이었다.

하지만 기쁨도 잠시, 어느 곳을 선택해야 할지 고민스러웠다. 지원 과정에서는 애플의 구매 조직을 우선순위에 두었기 때문에 두 가지 옵션 중 선택은 쉬우리라 예상했지만, 막상 나를 미국으로 이끌어준 테슬라를 거절하려니 망설여졌다. 또한 세 가지 커리어 축을 모두 전환해 미국에서 사회생활을 시작하는 것에 대한 두려움도 있었다. 일주일 동안 천천히 내 생각을 정리하는 시간을 가졌다. 그리고 마침내 애플의 오퍼를 받아들이자는 결단을 내렸다.

나는 미국에 온 순간, 이미 배수의 진을 치고 온 것이나 다름없다. 아무것도 없이 시작했으니 잃을 것도 없지 않은가. 오히려 과감하게 도전하고 배우지 않는다면 나의 미국 진출 의미도 퇴색될 것이라는 결연한 의지가 생겼다. 그래서 미국 커리어의 시작은 실패할지라도 과감하게 도전하고, 나의 역량이 만족할 만한 수준에 도달하면 그때 전기차 산업으로 돌아가리라 마음먹었다.

실리콘밸리에서의 삶은
딱 두 갈래로 나뉜다

예일대 MBA를 마친 후 나는 동부에서 바로 실리콘밸리로 이사했다. 베이 에어리어Bay Area 라고 불리는 실리콘밸리에는 샌프란시스코·팔로알토·마운틴 뷰·산호세 등의 도시가 모두 포함된다. 대개 타지에서 막 이주한 젊은 층은 샌프란시스코에서 싱글 라이프를 즐기고, 가족이 있는 경우에는 회사 인근 지역을 택해 정착한다. 이들을 위해 실리콘밸리 기업들의 통근 버스는 여러 도시들을 오가곤 한다.

나는 샌프란시스코의 집과 애플 본사가 있는 쿠퍼티노까지 매일 통근 버스를 이용했다. 편도로 1시간 정도 걸리는 통근 버스는 작은 사무실과 같았다. 대부분의 사람들이 무릎에 노트북을 올려놓고 일에 열중하고 있었다. 더 놀라웠던 것은 며칠이 지나지 않아 나 또한 버스에서 제안서를 마무리하거나 이메일을 쓰고 있었다는 것이다. 한국에서는 차만 타면 멀미가 났는데, 애플의 통근 버스 안에서는 일에 몰입하다 보니 멀미를 느낄 새도 없었다.

실리콘밸리에서 일한다고 하면 한국 친구와 지인들에게 가장 많이 듣는 말들은 대략 이렇다. "회사에서 음식이 잘 나오고 공짜라면서요? 좋으시겠어요!", "회사에 놀이터도 있고 반려견도 데려올 수 있다면서?", "돈도 많이 버시고 1년 내내 캘리포니아 날씨도 좋고, 행복하시겠습니다!" 물론 아주 틀린 말씀들은 아니다. 다만 실리콘밸리는 우월한 회사 복지와 풍요로운 라이프스타일 위주로만 사람들에게 각인되어 있는 것 같다. 과거의 나도 비슷했다. 그랬기에 실리콘밸리, 그것도 애플로의 첫 출근은 기대와 긴장, 설렘이 교차했다.

애플 첫 출근은 맨땅에 헤딩하기

"케빈, 환영해요!"

애플에 첫 출근하는 날, 내 매니저는 건물 입구에서 나를 반갑게

맞아주었다. 그는 나에게 회사 배지와 노트북을 넘겨주고는 바로 함께 오피스 층으로 올라갔다.

오피스에 들어서는 순간, 테슬라 인턴십 때와 비슷한 느낌을 받았다. 우리나라 기업들과는 달리 사람들이 자기 자리에 앉아 있지 않았다. 많은 자리가 비어 있었고 들락날락하는 사람도 많았다. 출근 시간도 정해져 있지 않아서 집이나 다른 곳에서 막 도착한 사람들도 있었고, 짐을 싸서 어디론가 가버리는 사람도 있었다. 점심시간도 정해져 있지 않았다. 자기 자리에서 점심을 먹으면서 회의를 하거나 이메일을 쓰는 사람들도 있었다.

나와 매니저는 30분 정도 나의 업무에 대한 목표 설정과 그에 필요한 일들에 대해 논의했고, 처음이자 마지막으로 점심을 같이 한 후 각자의 일을 하기 위해 헤어졌다. 그렇게 나는 출근 첫날 바로 업무에 투입되었다. 다른 실리콘밸리 기업과 마찬가지로 애플에서도 별도의 신입사원 교육은 없었다. 한국은 모든 신입사원들이 특정 날짜에 한 장소에 집합해 일주일간의 신입사원 연수를 받거나, 실제 업무에 배치되기 전에 회사의 문화나 공동체 의식에 대한 교육을 받지만 이곳에서는 그런 프로그램이 아예 없다.

첫날뿐 아니라 회사에 다니는 내내 어느 누구도 나에게 업무 지시를 하지 않았고, 구체적으로 어떻게 하라는 방법도 알려주지 않았다. 내가 성취해야 할 목표만 제시되어 있을 뿐, 실행에 관해서는 말 그대로 맨땅에 헤딩하는 식이었다. 나의 매니저는 나를 포함해서 10명 남짓의 개별 기여자Individual Contributors, IC들을 관리하고 있었다. 이들은 프로젝트를 이끌어나가는 실무자이자 주인공으로 각자 특정 제품을 담당한다. 다시 말해 '우리 팀이 무엇을 하고 있다'라는 팀 위주의 사고보다는 '이 매니저 아래에 있는 어떤 개별 기여자가 담당하는 제품이 현재 품질 및 공급에 차질이 있고, 누구는 이러한 액션들을 하고 있다'라는 식으로 지극히 '개인'에 한정해서 사고하는 게 일반적이다. 내가 관리하는 제품에 대해서는 스스로 전문성을 갖고 주어진 역할을 해내야 한다.

어떻게 보면 실리콘밸리에서의 삶은 딱 두 갈래로 나뉜다. 독보적인 제품 전문가로 성장해서 업적을 인정받거나, 제품 관리와 해내야 할 일들 속에서 헤매다가 다른 팀의 요청을 해결하지 못해 회사에서 성장의 기회를 얻지 못하는 경우다. 즉 크게 성공하거나 혹은 완전히 도태되는 것이다.

이 고독하고 외로운 자신과의 싸움을 이겨내기 위해 대부분의 개별 기여자들은 열심히 뛰어다니고 맡은 일을 해내기 위해 최선을 다한다. 나는 구매 업무 자체를 익히면서 배터리 비즈니스와는 공통점이 적은 디스플레이 제품에 대해서도 공부해야만 했다. 그것도 한국의 대기업 방식이 아닌 실리콘밸리만의 방식으로, 한국어가 아닌 영어로 말이다.

GSM은 서플라이어의 CEO다

입사 후 3개월 동안은 MBA에서의 경험처럼 마치 '소방호수로 물을 마시는'drinking water from the fire hose 것 같았다. 다양하고 방대한 정보를 처리해야 했기 때문에 무엇보다도 강한 실행력이 필요했다. 책상에 앉아서 이슈에 대해 공상할 겨를 없이, 다양한 팀에게 접촉해 그들의 인풋을 한 페이지에 녹여내 이슈의 핵심 내용을 작성했다. 과연 이게 맞는 방법인지 고민하는 데 시간을 쏟기보다는 이슈를 숫자로 도출하고 해결책과 다음 단계에 대한 제안을 두세 가지로 추려서 제안서를 만들었다.

나의 직함이었던 GSM은 비즈니스의 중추적인 역할을 담당한다. 서플라이어들이 디자인 및 엔지니어링에서 제안하는 새로운 제품 아이디어를 전 세계의 소비자들을 타깃으로 목표 가격과 수량에 맞게 대량생산할 수 있도록 관리한다. 따라서 회사 내부의 팀들로부터 인풋을 끌어내고 진행이 더딘 부분은 해내게끔 하는 프로젝트 매니저의 특성도 갖고 있다. 모국어로도 그런 일을 잘해내기가 어려운데 영어로 수행해내야 하니 남들보다 몇 배는 더 많은 노력과 시간을 쏟아야만 했다.

게다가 내가 관리하는 제품의 분야가 달라졌기 때문에 더욱 긴장할 수밖에 없었다. 휴대폰이나 TV의 화면인 디스플레이 제품에 대해서는 학부 때 전기전자 전공수업에서 한 학기 정도 공부한 적은 있지만, 내가 몸담아 왔던 배터리 분야와는 많은 부분이 달랐다. 그래서 디스플레이에 대한 엔지니어링 지식을 습득하기 위해 더 많은 노력을 했다. 엔지니어들과 수많은 미팅을 하면서 제품이 어떻게 구동되고 조립되며 어떤 로드맵을 바탕으로 개발이 전개되는지 등을 학습해나갔다. 다행히도 엔지니어링에 관한 핵심지식이 해당 기술과 제품 이해에 큰 도움이 되었다.

GSM으로서 나의 업무는 영역의 한계가 없었으므로, 그야말로 내가 하기에 따라 일의 범위가 달라졌다. 엔지니어들뿐 아니라 내가 관리하는 서플라이어들과도 밤낮없이 많은 시간을 보내며 가격과 미래 물량 등 비즈니스에 대해 긴밀하게 논의했다. 뿐만 아니라 '내가 서플라이어의 CEO'라는 마인드로 공장이 어떻게 운영되고 있는지, 기계나 노동 인원들로 인한 문제없이 목표 수량은 잘 맞춰져 생산되고 있는지 등을 매일매일 업데이트 받으며 그들에게 가이드를 주었다.

특히 서플라이 체인에서는 생각지도 못한 문제가 자주 일어나기 때문에 늘 긴장하고 있어야만 했다. 제품에서 갑자기 불량률이 높아지기도 하고, 장비가 고장 나거나 투입하는 물질에서 문제가 발견되어 생산이 중단되기도 한다. 이렇게 생산이나 품질에 이슈가 생기면 재빨리 원인을 파악하고 문제를 해결하기 위한 액션들을 정리했다. 다른 프로그램으로 디자인을 변경할 때는 어떤 프로세스와 장비를 개조해야 하는지 등을 파악하기 위해 내부 팀과 서플라이어들에게 다양한 질문을 했다. 또한 생산 장비의 수리 및 보수 일정이 어떻게 되는지, 수율$_{yield}$의 경향이 어떻게 되는지 구체적으로 파악했다. 생산성을 가늠해보는 척도 중 하나인 수율은 원자재의 투입 대비 완제품이 얻어지는 비율로 계산된다. 100개 분량의 원자재를 써서 100개 분량의 완제품이 나오길 예측했으나 95개가 나온다면 5퍼센트를 고객에게 납품하지 못하게 되는 손실이 발생한 것이므로 이는 비즈니스에 직접적인 영향을 준다. 이와 같은 생산 운영 측면에서 업체를 관리하는 것은 GSM의 주요한 역할 중 하나다.

회사의 주요 업무 외에도 다양한 활동을 통해 역량을 키워나갔다. 애플에서는 주간 및 월간 리뷰(성과 보고가 아닌 업무 진행 상황과 목표에 대한 정보를 공유하는 개념) 포럼을 비롯해서 다양한 주제로 포럼이 열리는데, 이 자리에서 여러 부서와 다각도로 문제점을 들여다보며 이슈를 점검할 수 있다. 이러한 포럼과 미팅은 나에게 다양한 질문과 고민을 할 기회를 주었고, 이를 계기로 나는 한 단계 더 성장하게 되었다.

애플에서의 1년은 이렇게 정신없이 지나갔다. 어느덧 나는 제품에서 이슈가 생기거나, 각종 포럼, 서플라이어에 관한 정보가 필요할 때 가장 먼저 찾는 디스플레이 GSM으로 자리잡게 되었다.

성장과 번아웃은
동전의 양면

실리콘밸리 회사에서는 독보적인 성과로 두각을 드러내는 개별 기여자들이 수시로 '라이징 스타'가 된다. 사내에서 중요한 부품을 관리하는 일을 하다가 신제품의 개발 시점부터 론칭까지 이끄는 경우도 있고, 서플라이 체인에 큰 문제가 생겨 제품이 존폐 기로에 서는 절체절명의 순간까지 갔다가 극적으로 위기를 극복해내며 론칭에 성공하는 사례도 있다. 이렇게 실적이 쌓이면 팀뿐 아니라 조직 전체에서 큰 주목을 받게 된다.

조직 구성도 철저히 필요에 따라 재구성된다. 회사에서 새로운 제품의 론칭이 시작되면 팀에서 할 일도 늘어나고 그에 따라 인원도 추가된다. 내가 속한 팀도 새로운 프로젝트가 진행되자 인원이 늘어났다. 문제는 그 수가 내 매니저가 관리할 수 있는 최대치에 다다랐다는 점이다. 당연히 나와 함께 시간을 쏟으며 프로젝트에 대해 고민해볼 수 있는 '1:1 리뷰 시간'도 점점 줄어들었다. 팀을 재구성해야 할 순간이 온 것이다.

애플이 GSM을 성장시키는 법

"케빈, 지금 담당하고 있는 디스플레이 분야에 여러 가지 프로젝트가 진행될 예정이야. 새로운 매니저가 도와줄 거야."

기존 매니저가 나를 포함한 세 명의 GSM을 소집해 10분가량 미팅을 진행했다. 그때 그가 한 말은 아직도 기억에 남는다. '상사인 그가 우리를 도와준다고?' 상사로부터 업무 지시 받는 데 익숙했던 과거의 경험 때문일까. 실제 대화에서 그 말을 직접 들으니 뭔가 새로웠다. 생각하면 할수록 '상사가 팀원을 도와준다'는 것 자체가 너무나 놀라운 발상이다.

사실 그 무렵 나에게는 도움이 필요했다. 맨땅에 헤딩하며 실리콘밸리의 커리어를 시작했고, 테슬라에서도 그랬지만 철저히 자율성을 바탕으로 일하면서 이것이 실리콘밸리의 성공 방식에 부합하는 건지 의문이 들기도 했다. 회사에서 인정받은 사람이 나의 상사로 와서 조금 더 밀착해서 나를 도와준다면 나의 발전뿐 아니라 회사가 목표를 달성할 확률도 더 높아질 것이라는 기대가 컸다.

새로운 매니저가 팀에 온 첫날, 나는 매니저와 함께 내가 하고 있는 일과 문제가 될 만한 이슈에 대해 이야기를 나눴다. 그리고 몇 달 동안은 매니저도 빠르게 새로운 업무를 익히기 위해 나와 매일의 업무를 같이 했다. 그와 대화를 나누고 일을 함께하면 할수록 나와는 다른 각도로 문제를 보고 있으며, 새로운 방식으로 아이디어를 제안하고 있다는 걸 느낄 수 있었다. 말 그대로 새로운 배움의 시간이었다.

내 매니저는 실적이 증명하듯 매우 꼼꼼한 업무 스타일을 갖고 있었다. 그가 일하는 모습은 애플의 문화와 일하는 방식 그 자체였다. 우리는 엔지니어링 미팅의 종류와 주제를 더 세분화했고, 내가 주로 접촉하던 팀 외에 더 많은 팀들을 연결해서 제품 론칭에 문제가 없도록 철저히 준비했다. 비용이나 향후 프로그램을 리뷰하는 각종 포럼에서는 GSM이 준비하는 제품의 물량과 가격의 문제점들을 더 세밀히 분석해서 논의 내용이 더 풍부하고 깊어졌다.

서플라이어들, 아시아 글로벌팀들과도 더 자주 만나 공장의 운영 상황을 업데이트 받고 디자인 및 생산 문제가 생기는 것을 미연에 방지하기 위한 만반의 준비를 했다. 결국 오전과 오후 업무시간 동안 가지는 미팅 수가 전에 비해 두 배 이상 늘어났다. 또 아시아팀과 만나는 저녁시간의 미팅도 꽤 많이 잡혔다. 그렇게 나는 내부 팀과 서플라이어들에게 끊임없이 정보를 요청하고 새로운 질문을 하며, 나와 회사가 원하는 것을 이루기 위해 집요하게 그들을 쫓아다녔다. 반대로 그들도 자신들의 목적을 달성하기 위해 나에게서 필요한 정보를 얻고 실행을 이끌어내기 위해 끊임없이 나를 채근했다.

1년 정도 그렇게 일하면서 나는 혼자라면 결코 해낼 수 없었던 일을 해내며 풍부한 경험을 얻었다. 결국 내 생각의 폭과 깊이에도 큰 변화가 있었다. 질문하는 방법과 일을 해내기 위해서 필요한 것들이 무엇인지 파악해내는 힘도 기를 수 있었다. 돌이켜보면 내 커리어 사상 업무 스킬을 가장 많이 배웠던 시간이었다. 당시 나의 매니저는 사관학교나 군대의 조교처럼 나를 트레이닝하면서 때로는 함께 전투에 나가 고군분투했다.

이처럼 실리콘밸리 기업에서 업무량은 무한대로 늘어날 수 있다. 기존보다 더 깊이 있게 일을 할 수 있고, 업무시간을 원 없이 늘릴 수도 있으며, 더 풍부한 이해를 위해 원하는 만큼 많은 미팅을 가질 수도 있다. 하지만 그에 따라 당연히 정신적·체력적 부담이 커지기 마련이고 그게 쌓이면 결국 번아웃이 오고 만다.

번아웃도 커리어의 경험이 된다

마찬가지로 내게도 번아웃이 찾아왔다. 수많은 미팅에 참여하면서 전문가가 되어갈수록 에너지 소모가 컸다. 각 팀들을 설득하며 내가 원하는 것을 얻어내기 위해서는 나의 지식과 정보가 많아야 했고, 논리적인 주장을 하기 위해 사고력도 키워야 했다. 배우고 알아갈수록 그 리스트는 늘어만 갔고 목표도 높아져만 갔다. 그런데 탁월한 능력을 가진 매니저와 함께 일하다 보니 어느 순간 매니저로부터 사사건건 잔소리를 듣는 나를 발견하게 됐다. 매니저와 미팅도 함께하기 때문에 나의 발언과 생각이 매니저와 다를까봐 눈치를 봐야만 했다. 그러다 보니 내가 생각하고 있는 것들을 다른 팀과 서플라이어들에게 적극적으로 공유하지 못하게 되는 게 아닌가. 나는 점점 더 답답해졌다.

상황은 자꾸만 심각해졌다. 매니저가 미팅 도중에 내 말을 끊거나, 자신의 생각과 방법대로 일을 진행하는 경우가 잦아졌다. 당연히 나의 자신감과 자존심은 점점 더 낮아져갔다. 결국 아무것도 하고 싶지 않은 무기력증에 빠지게 되었고, 어느 순간 회사에 나가기가 싫어졌다. 외로웠던 실리콘밸리의 삶은 급기야 삭막해져갔다.

하지만 포기할 수는 없었다. 그럴수록 초심을 찾으려고 애썼다. 내가 얼마나 힘들게 미국에 오게 되었는지 그리고 그 과정에서 어떤 결심과 생각을 했었는지 떠올려보곤 했다. '그동안 걸어온 그 길을 되돌아갈 수는 없어, 어떻게든 극복해야 해' 하고 마음먹었다. 그러면서 냉정하게 나를 되돌아봤다.

그 결과, 모든 상황의 근본적인 원인은 내가 매니저보다 전문가가 아니라는 데 있었다. 이를 해결하면 번아웃도 해소될 것이라는 믿음이 생겼다. 그때부터는 매니저의 방식과 사고의 툴을 더 적극적으로 받아들이려고 노력했다. 프레임워크와 제안서를 만드는 로직을 체득하려 노력했고, 다른 팀과 미팅을 하기 전에 사전 리뷰를 해서 나의 생각을 그와 공유했다.

그러던 어느 날, 디스플레이를 구동하는 데 필요한 백라이트 제품을 공급하는 서플라이어와 미팅할 때였다. 대량생산 도중 다음 달 물량에 대한 논의를 했는데, 서플라이어 쪽에서 낸 계획 대비 물량 손실의 이유 규명이 불분명했다. 나는 매니저가 사용하던 프레임워크를 통해 문제의 원인을 분석했을 뿐 아니라, 그가 생각하지 못한 원인들에 대해서도 새로운 각도로 컨설팅해주었다. 나도 모르게 아주 조목조목, 나의 매니저가 이끄는 것처럼 회의를 리딩하고 있었다. 그 미팅 진행은 내가 매니저보다 더 잘하고 있다는 느낌이 들 정도였다.

"케빈, 아까 미팅에서 낸 제안 아주 좋았어요." 마침내 미팅 후 매니저로부터 긍정적인 피드백을 듣는 순간, 그동안의 근심이 싹

사라지는 것만 같았다. 그도 칭찬을 할 수 있는 사람이었다.

　쓰지만 약이 된 이 경험은 무지에 대한 두려움이 번아웃을 만든다는 교훈을 주었고, 어느덧 번아웃도 나의 커리어 경험으로 남게 되었다. 동시에 이를 반면교사 삼아 내가 사람을 관리하는 매니저가 된다면 팀원의 번아웃을 막기 위해 무엇이 필요하지 깨달았다. 팀원의 생각이 나와 다를 때는 다양성을 존중해 그 역시 자산으로 받아들이고, 그들이 자신감을 갖고 프로젝트를 수행할 수 있도록 미팅 중 끼어들지 않고 코칭은 별도로 해야겠다고 마음먹었다. 프로젝트의 주인공은 매니저가 아니라 팀원이기 때문이다.

애플 디렉터가 비웃은
'곧 망할 테슬라'로 돌아가다

직장인이라면 누구나 이직을 고민한다. 그렇다면 그 타이밍은 언제가 가장 적절할까? 상당히 역설적인 말이지만, 조직에서 편안하다고 느낄 때가 바로 커리어의 변화가 필요한 시기다. 2018년 말 나는 디스플레이팀에서 센서팀으로 옮겼다. 애플 제품 중에서 가장 비싼 부품인 디스플레이에서의 일이 1년 반쯤 지나니 꽤 편해졌다고 느꼈기 때문이다. 물론 입사해서 두 번의 신제품 론칭을 하면서 많은 성장통을 겪었지만, 1년 반이 지나고 나니 그 일의 프로세스도 훤히 다 보였다.

당시 실리콘밸리에서는 자율주행과 인공지능이 한창 주목을 받던 때라 관련 기술을 관심 있게 지켜보고 있었다. 그래서 자연스레 페이스 아이디를 비롯한 센서를 담당하는 조직에 흥미가 생겼다. 담당 GSM들에게 연락을 하고 커피챗_{coffee chat}을 하며 그 팀이 주력하고 있는 분야의 향후 전망과 성장 잠재력 등에 대해 이야기를 나누었다.

센서팀에서 매너리즘에 빠지다

결국 나는 팀을 옮겼다. 센서팀과는 3개월 동안 충분한 대화를 나누었기 때문에 내가 어떤 프로젝트에 참여해 기여할지에 대해서도 매우 구체적이고 성공 가능성 높은 전략을 세울 수 있었다. 새로운 팀에서 센서 산업 및 기술에 대해 알아가는 것이 즐거웠고, 디스플레이에서 갈고닦은 경험과 노하우를 접목시켜 일을 하는 것도 흥미로웠다. 나의 매니저와 GSM 임원들은 내가 낸 성과에 대해 매우 만족스러워했고 주기적으로 긍정적인 업무 피드백을 주었다.

그렇게 6개월의 시간이 흐르는 동안 나는 팀에 매우 큰 성과를 안겨주었다. 5개가 넘는 센서 제품들의 구매 가격을 절반 이하로 줄였고, 한정된 서플라이어 군에서 장기 물량 계획을 맞추었다. 하지만 점점 나의 업무 패턴이 단조로워지기 시작했다. 능력을 인정

받는 것은 좋았지만 '내가 원하는 게 과연 이것이었나?' 하는 회의
감에 빠졌다.

전통적으로 성숙된 산업인 디스플레이 분야에서 얻은 노하우와
실력을 신생의 스타트업과 비슷한 센서 조직에 적용하며 성과를 내
다 보니 일이 너무 쉬웠다. 절반도 안 되는 노력으로 두 배 이상의
성과를 낼 수 있었다. 그러다 보니 업무에 몰입하는 시간이 점점 줄
어들고, 성과를 크게 내기보다는 최소한의 노력으로 적당한 성과를
내기 위해 잔머리를 쓰기 시작했다. 그러고는 나도 모르게 서서히
제품과 회사에 대한 열정도 식어갔다.

12시간의 비행 그리고 나에게 던진 질문들

나는 해외출장을 좋아한다. 장시간의 비행 동안에는 이메일을 체크
할 수도 없고 전화 연락도 오지 않는다. 그때만큼은 오로지 나 자신
과 대화하는 시간이다. 2019년 봄, 홍콩으로 가는 출장 비행기 안
에서 나의 커리어와 인생 여정에 대해 생각해보았다.

'무엇이 지금의 나를 만들었을까?' 나는 그저 열정을 따라 여기
까지 왔다. 그리고 목표한 것을 쟁취하기 위해 부단히 노력했다. 그
렇다면 변화와 도전 없이 평온하게 일하며 사는 것은 나의 라이프

스타일에 맞지 않는다. 12시간의 나와의 대화가 끝나고 비행기가 착륙할 무렵, 마음속에 '박수 칠 때 떠나라'는 한 문장이 떠올랐다. 나의 역량이 만족할 만한 수준에 도달하면 다시 전기차 산업으로 컴백하리라 다짐했던 몇 년 전 내 모습이 기억났다.

센서팀으로 옮겼을 때처럼 다시 네트워킹을 시작했다. 그리고 전기차로의 커리어 전환 시 고려해야 할 점을 세 가지의 프레임워크인 '역할, 제품, 스타트업 vs. 대기업'으로 나누어 하나하나 분석해나갔다.

첫 번째, '어떤 역할을 할 것인가'는 계속 구매 담당자로 성장해나갈 것인가 아니면 다른 역할을 해볼 것인가의 문제였다. 엔지니어링 백그라운드에 MBA를 졸업한 나는 현재 회사에서 비즈니스 지식과 엔지니어링의 이해가 요구되는 구매자로서의 역할은 잘하고 있다. 하지만 그 일이 계속 나에게 열정을 불어넣어줄 것인가는 의문스러웠다.

두 번째는 '어떤 제품을 관리할 것인가'의 문제였다. 특정 분야의 전공 지식을 바탕으로 한 분야에 집중하는 사람들은 자신만의 전문성을 쌓아나가는 것이 중요하다. 특히 엔지니어들은 더욱 그렇다. 하지만 구매자 역할이라면 조금 다르다. 새로운 제품에 대해 끊임없이 배울 자세가 되어 있어야 하고, 또 기존의 제품에서 배운 것들을 새로운 시각에서 활용해볼 수 있어야 한다.

세 번째는 '스타트업이냐, 대기업이냐'의 문제였다. 사실 이 부분이 가장 고민스러웠다. 네트워킹을 하던 중 우연히 스타트업 죽스Zoox의 리크루터와 이야기할 기회가 생겼다. 로보택시(무인자동차)를 개발하는 회사인데, 자율주행을 구현할 센서 담당 구매자가 필요하다고 했다. 조금 더 깊게 현업의 차원에서 이해하기 위해서 리크루터를 통해 회사 직원들과 1:1 대화도 나누었다. 그들과 대화를 하다 보니 관심이 생겨 정식으로 센서 구매 담당자 채용 프로세스를 밟았다. 지금까지 내가 일해 온 회사들은 규모가 큰 회사들이었기에 스타트업만의 자율성에 기반한 근무 방식과 확률이 크지는 않지만 기업공개IPO를 통한 '벼락부자'의 경험도 해보고 싶었다.

위의 세 가지 기준을 두고 고민을 거듭하면서 결국 '내가 정말 원하는 것이 무엇일까?'라는 근본적인 질문을 해봤다. 결론은 의외로 간단했다. 전기차라면 스타트업이 아닌 테슬라가 답이었으니까. 2016년 여름 테슬라에서 인턴으로 일하면서 힘들었지만 하루하루 보람되고 즐거웠던 기억이 떠올랐다. 나를 미국으로 오게 한 원동력도 테슬라 그리고 일론 머스크가 아니었던가. 마음을 굳힌 나는 다시 테슬라에 접촉하기 시작했다.

'곧 망할 테슬라'로 역주행을 감행한 이유

당시 테슬라의 상황은 매우 좋지 않았다. 모델 3의 대량생산을 위한 성장통으로 회사가 망해간다는 말이 들릴 정도로 위기 상황이었다. 그래서인지 예전에 함께 일했던 직원들도 회사에 많이 남아 있지 않았다. 그 무렵 애플과 테슬라의 시가총액은 약 50배 정도 차이가 났다. 나는 애플 출신이라는 자신감에 네트워킹도 거치지 않고 테슬라 웹사이트에 이력서를 올려보았다. 아니나 다를까 일주일도 채 지나지 않아 테슬라 인사부서에서 연락이 왔고, 하이어링 매니저와의 인터뷰가 잡혔다. 실리콘밸리에서의 잡 인터뷰는 한국에서처럼 갑과 을의 관계로 진행되지 않는다. 지원자도 회사 및 팀에 대해 인터뷰를 하는 상호 커뮤니케이션 과정이다.

테슬라가 성장통을 겪고 있는 것은 분명했다. 하지만 내가 판단하기에 테슬라는 새로운 글로벌 확장의 동력으로 상하이 기가팩토리에 회사의 운명을 배팅하고 있었다. 상하이 공장의 성공을 위해 모든 구성원들이 초집중하고 있었다. 그 시점에서 가장 중요한 것은 전기차의 핵심인 배터리의 서플라이어를 발굴해 업계 최고의 가격과 물량을 확보하는 일이었다. 하이어링 매니저는 내가 그 일을 해줄 것이라고 믿었다. 애플에서 갈고닦은 구매 스킬과 기존 배터리 업체에서 엔지니어 및 상품기획자로 일한 나의 지식과 경험이 도움이 되리라 확신했다.

스타트업으로의 도전을 포함한 커리어 방향에 대해 고민을 하면서 죽스와 테슬라의 정식 채용 프로세스를 밟았고 긴 인터뷰 일정을 마쳤다. 얼마 지나지 않아 두 회사로부터 모두 최종 오퍼를 받았다. 이제 선택은 나에게 달렸다. 죽스를 선택한다면 새로운 스타트업 경험을 할 수 있다. 회사의 자율주행 기술이 상용화되고 로보택시 시대가 열린다면 차량의 대수 및 교통체증이 줄어 이산화탄소 배출도 줄고 결국 지구온난화 극복에도 기여할 수 있다. 하지만 인터뷰 과정에서 죽스는 강한 엔지니어링이나 리더십은 결여된, 잘 포장된 비즈니스 아이디어를 가진 회사 같다는 생각이 들었다. 또한 내부자가 아니고서는 그들의 로보택시 기술이 어느 정도 성숙해 있는지 파악하기도 힘들었다. 무엇보다 하루 빨리 회사에 가고 싶다는 설렘이 생기지 않았다. 어떻게 보면 디스플레이에서 센서로 옮겼을 때와 같은 패턴이 반복될 위험도 있었다.

하지만 테슬라는 나를 이곳, 미국으로 오게 만든 원동력이다. 그런 회사의 사활이 상하이 기가팩토리에 달려 있었다. 만약 이게 잘못되면 회사의 미래가 불투명해지고 나를 지켜준 북극성과 같은 별이 하나 지는 셈이었다. 순간, 마음 한구석이 저릿하게 아파왔다. 내가 테슬라에 도움을 줄 수 있는 것은 무엇일까 생각해보니 딱 하나가 떠올랐다. 지금껏 쌓아온 경험과 실력으로 최고의 배터리 가격과 물량을 확보해 상하이 기가팩토리의 성공을 돕는 것이다. 스타트업 경험이야 나중에도 할 수 있지만, 당시 테슬라는 내가 필요했다. 혹여나 일이 잘못되어 테슬라가 망한다고 해도 내 열정으로 내린 결정이므로 후회는 없을 거라는 확신이 들었다.

나는 다음날 바로 나의 매니저 및 디렉터에게 퇴사를 위한 공지를 했다. 그들은 상당히 놀라면서 아쉬워했다.

"앗, 케빈! 센서팀으로 옮긴 후에 압도적인 성과를 보여주고 있었는데 이게 무슨 소리야? 내가 어떻게 도와줄까?"

"나도 센서 분야에서 올린 성과들을 즐기고 있어. 하지만 내가 미국에 온 이유는 테슬라에서 전기차 산업을 발전시키는 것이었어. 잠시 그 분야와 떨어진 애플에서 일해왔지만, 이제는 다시 돌아가야 할 때라고 생각해."

데이빗은 나에게 조금만 더 있으면 승진도 할 텐데 배터리에 열정이 있다면 애플의 배터리팀으로 옮겨보라는 제안도 했다.

"그런데 나는 테슬라로 돌아가고 싶어, 데이빗. 지금 테슬라가 상하이 공장 문제로 많이 힘들다고 들었는데 내가 도움이 되고 싶어."

이 말을 들은 데이빗은 내 결정을 존중한다면서 더 이상 나를 설득하려 하지 않았다. 미팅룸 밖에는 디렉터 토니가 나를 기다리고 있었다. 나는 토니에게도 아쉽지만 이제 떠나야 할 때라고 말하며 고마움을 전했다.

"케빈, 한 가지만 물어봅시다."

디렉터 토니가 웃으며 말을 건넸다.

"지금 테슬라의 직원들은 모델 3 양산이 안 되고 회사 사정이 어려워서 오히려 애플로 오려고 해요. 왜 케빈은 역주행하려고 하나요? 왜 곧 망할지도 모르는 회사에 가려는 거죠?"

나의 대답은 아주 간단했다.

"내가 테슬라를 살릴 겁니다."

굿바이 애플,
컴백 투 테슬라!

테슬라로의 '두 번째' 첫 출근 날이 됐다. 나의 매니저는 해외출장 중이어서 다른 팀 직원의 도움을 받아 회사 사무실로 들어갔다. 테슬라도 실리콘밸리의 다른 기업처럼 스스로 생존해야 하는 정글 같은 곳이다. 직원들과 서로 인사를 나누며 적응할 시간도, 별도의 업무 지시도 없었다. 나는 혼자서 연관된 팀들을 만나 프로젝트의 진행 상황과 해야 할 일들을 정리했다. 실리콘밸리에서는 회사에 발을 들여놓는 그 순간이 바로 미션을 이루기 위한 업무의 시작점이다.

다시 돌아간 테슬라에서의 감회는 새로웠다. 네바다 사막이 아닌 팔로알토의 본사였지만, 익숙한 빌딩 디자인과 인테리어 그리고

118

인턴 배지가 아닌 정직원 배지는 집으로 돌아온 것만큼 친숙했고 설렘도 안겨주었다. 돌고 돌아 결국, 내가 미국 유학을 결정하고 나의 미션을 세우게 만들어준 회사에서 일하게 되었다는 생각에 가슴이 벅차올랐다. MBA를 마친 후 테슬라를 포기하고 애플로 가면서 느낀 미안한 마음도 덜게 되었다.

내가 입사하기도 전에 내 포지션과 역할은 정해져 있었다. 테슬라의 새로운 성장 동력인 상하이 기가팩토리를 위한 배터리 서플라이 체인을 구성하고 확장하는 것이었다. 이를 통해 회사는 한정된 생산능력을 넘어 글로벌 생산 기지를 구축해서 한 단계 더 도약하는 기회를 삼고자 했다.

테슬라와 애플, 어떻게 다른가

테슬라의 성장 동력은 열정으로 똘똘 뭉친 사람들에 있다. 사무실에 들어서는 순간 그 열기가 고스란히 전해진다. 테슬라의 미션을 달성하기 위해 각자의 위치에서 최선을 다하고 있는 동료들과 원팀 one team을 이루어 일할 수 있다는 것만으로도 자부심이 느껴졌다.

반면 애플에서는 이러한 자부심을 느낄 수는 없었다. 물론 직원들 모두 애플 제품에 많은 애정을 갖고 있지만, 테슬라 직원들처럼 개인의 미션과 회사의 미션을 일치시켜 원팀 정신으로 일한다기보다는 개인적으로 성취하고자 하는 목표가 다양하다. 나처럼 서플라이 체인을 제대로 배워보고 싶은 사람, 높은 연봉과 좋은 복지를 누리며 꾸준히 회사를 다니고 싶은 사람, 맡은 분야에서 세계 최고의 전문가가 되려는 사람 등 다양한 동기를 가진 직원들이 존재한다. 그래서인지 같은 회사 직원들이지만 동료라는 느낌이 강하지는 않았다.

애플과 테슬라에서 내가 맡은 일도 내용과 성향 측면에서 매우 달랐다. 애플에서 내가 한 일은 엄청난 창의력을 필요로 하기보다는 종전의 경험치를 바탕으로 설계된 프로세스에 기반해 업무를 수행하는 것이었다. 수년에 걸친 제품 개발 및 양산 경험을 바탕으로 서플라이어들도 어느 정도 발굴되어 있었고 각 팀별로 해야 할 업무들도 체계적으로 정리되어 있었다. 협업을 할 때도 팀별로 리뷰해야 할 요소들이 거의 고정돼 있었다. 디자인을 바꾸거나 새로운 기술을 도입하더라도 결론적으로는 기존에 하던 문제해결 방식에서 크게 벗어나지 않았다. 따라서 GSM에게 가장 중요한 역량은 실행력이었다.

반대로 테슬라에서는 신사업 개발이 가장 중요했다. 우선 새로운 서플라이 체인 발굴이 급선무였다. 아무것도 없는 허허벌판에 세운 상하이 기가팩토리에서 공격적인 물량 목표를 달성하고 모델

3와 모델 Y를 성공적으로 론칭하기 위해서는 배터리 공급에 만전을 기해야 했다. 게다가 테슬라의 GSM은 전기차 시장을 키우고 서플라이어와 함께 동반성장하는 미션도 달성해야 하므로 강력한 실행력뿐 아니라 창의력과 비즈니스 인사이트도 갖추어야만 했다.

테슬라에서 내가 지치지 않았던 이유

테슬라로의 컴백은 초심으로 돌아가겠다는 강한 의지에서 비롯된 결정이니만큼 그동안 쌓아온 나의 경험과 지식을 모두 쏟아붓겠다는 각오로 임했다. 한국 기업과 MBA에서 배운 것과 GSM의 사관학교인 애플에서 익힌 모든 노하우를 테슬라의 미션을 이루는 데 쓰리라 다짐했다.

실리콘밸리에서 두 번째 커리어를 시작하는 시점에서 나는 애플에서 얻은 교훈 하나를 떠올렸다. 바로 '한 분야의 독보적인 전문가가 된다면 그 무엇도 두려워할 게 없다'는 것이다. 특정 분야의 전문가가 되면 다른 사람에게 끌려다니지 않을 수 있으며 강한 실행력을 구사해서 탁월한 성과를 낼 수 있다. 뿐만 아니라 번아웃의 위험에서도 벗어날 수 있다. 번아웃은 정신적 한계에 직면했을 때 더 빨리 찾아오는데 이는 주로 일이 뜻대로 잘 되지 않을 때 생긴다. 따라서 내가 가장 우선순위에 둔 일은 배터리 분야를 공부하는 것이었다.

단순히 배터리라는 제품의 기술적 분석에 그치지 않고, 내가 배터리 분야의 CEO라는 마인드를 갖고 거시경제, 서플라이 체인, 가격 구조, 생산 운영 등을 총망라하는 공부를 했다. 또한 엔지니어링을 포함한 유관 부서들과 충분한 논의를 거치면서 그들이 앞으로 개선해나가야 할 점은 무엇인지도 파악했다. 그야말로 나의 모든 시간과 에너지를 배터리 공부에 쏟아부었다. 하지만 제품과 회사의 미션에 믿음이 있었기에 결코 지치지 않았다.

애플에서 갈고닦은 GSM 스킬들은 테슬라에서 빛을 발했다. 테슬라의 당시 환경은 배터리 서플라이 체인 조직이 구축되는 과정이었으므로, 나는 마치 백지 위에 그림을 그리는 것처럼 필요한 일들을 하나하나 디자인해나갔다. 무엇보다 내가 남들보다 빨리 더 잘할 수 있었던 것은 문제 해결을 위한 프레임워크를 구성하는 것이었다.

공급 계획을 예측하는 데 필요한 요소들을 엑셀 파일 형태의 서플라이 모델로 만들어서 주기적으로 업데이트하도록 했고, 배터리 대량생산 과정에서 제품 개발팀이 해야 할 핵심 업무를 정립한 후 그것을 점검할 수 있도록 추적 시스템을 만들었다. 또한 각종 미팅에서는 서플라이어들에게 어떤 질문을 해야 할지, 생산을 앞두고 어떤 문제가 일어날지, 어떤 요소들을 리뷰의 중심에 두어야 할지 등을 주도적으로 제안했다. 팀 내부에서는 서플라이 체인의 백그라운드가 없거나 아예 다른 분야에서 온 동료들을 위한 코칭 세션을 수차례 열어 그들의 성장을 도왔다.

다른 프로젝트에도
'어나더 케빈'이 필요해

대부분의 직장인들이 커리어 발전 과정에서 회사로부터 인정받았다고 느끼는 순간은 승진할 때 혹은 본인이 주도한 프로젝트가 성공했을 때다. 이는 한국이나 실리콘밸리나 별반 다르지 않다. 하지만 한국에서 일할 때는 회사의 성장과 나의 성장을 일치시켜서 성취감을 느낄 기회는 많지 않았다. 회사가 미디어로부터 주목을 받거나 대중들의 관심과 호평을 받는 제품을 출시했을 때 직원으로서 자부심은 느낄 수 있겠지만, 이를 개인의 성장과 연관 짓기란 쉽지 않다.

하지만 실리콘밸리에서는 프로젝트의 성공과 그에 따른 회사의 성장이 개인의 실적이 되어 향후 커리어에 직접적인 영향을 미친다. 뿐만 아니라 회사의 시장 가치가 올라감에 따라 일반 직장인은 상상도 못할 만큼의 금전적인 보상이 주어지기도 한다.

제로섬 게임이 아닌 윈윈 게임을 하다

테슬라에서의 일은 흥미로웠고 무에서 유를 창조한다는 보람이 컸다. 상하이 기가팩토리에 배터리를 공급하기 위해 해당 서플라이어와 생산 준비를 하다 보니 고려해야 할 것들이 너무나도 많았다. 제품이 제대로 성능을 발휘할지, 계획한 물량 목표에 맞게 공장이 운영될 때 공급에 차질은 없을지, 가격의 추가인상 없이 생산이 가능할지 등 다양한 고려사항을 염두에 두고 있어야 했다. 회사 내부에서도 서플라이어의 제품을 공급 받는 준비가 필요했기에 업무를 시작하자마자 상하이 기가팩토리로 가서 생산, 품질, 엔지니어링을 비롯한 현지팀들과의 네트워크를 구축했다.

그런데 내가 관리하는 서플라이어 측 팀은 대량생산 경험이 별로 없었다. 새로운 공장에 납품하기 위해 무엇을 해야 하는지, 대량생산을 준비하기 위해 어떤 리뷰를 해야 하는지, 진행하는 과정에서 어떤 문제들이 일어날 수 있는지 등 배경지식이 많지 않았다. 회의를 하더라도 의미 있는 정보 교류가 이루어지지 않았고 상황 점검에 대한 답변도 '앞으로 좋아질 것'이라는 원론적인 답만 돌아왔다. 점차 그들을 믿고 이대로 진행했다가는 일을 그르칠 수도 있겠다는 위기감이 엄습했다.

그래서 나는 우선 서플라이어 측 팀들을 교육시키기로 했다. 현실적인 공급 계획을 짜기 위해 어떤 데이터가 필요하고 생산 예측을 하기 위해서는 어떤 가정을 해야 하며 대량생산이 시작되면 우리 측에서는 어떤 방식으로 제품이 투입되고 무엇을 중점적으로 관리해야 하는지 등 담당자들이 해야 할 업무를 컨설팅하고 제안했다. 당시 나는 '내가 배터리 부문 CEO'라는 마인드로 일했기 때문에 서플라이어 측의 실무자 교육도 당연히 내가 해야 할 일이라고 생각했다.

돌이켜보면 나의 문제 해결 방식은 실리콘밸리를 거치면서 완전히 바뀌었다. 한국에서는 모두가 정해진 답을 찾기 위해 경쟁하면서 과정보다는 결과에만 집중한다. 사회에 나와서도 한정된 기회 속에서 끊임없이 비교에 시달리고 경쟁이 강조되다 보니 남들보다 좀 더 나은 성과를 내는 것이 중요하다. 회사나 사회 전반적으로 파이를 키워나가는 데 관심을 갖기보다는 한정된 자원 속에서 뺏고 빼앗기는 '제로섬 게임'에 빠져 있는 것이다. 게다가 너무 튀어서도 안 되고 그저 남들보다 조금만 더 나으면 된다. 당연히 혁신적인 아이디어나 문제해결 방식이 나오기 어렵다.

하지만 실리콘밸리에서는 몇 가지 선택지 중에서 정답을 찾아가는 방식은 통하지 않는다. 기존의 것을 바탕으로 좀 더 나은 것을 개발하겠다는 마인드가 아니라, 탐험가의 시각으로 미래의 기회를 포착해내야 한다. 그렇기 때문에 '남들보다 조금만 더 잘하자'가 아니라 '기존에 없던 것을 창조하자'라는 마인드로 노력을 해나간다. 이를 위해서는 문제를 바라보는 관점과 질문의 방향이 완전히 달라야 한다.

신규 생산라인에서 1년간의 생산 계획을 리뷰한다고 가정해보자. 한국에서는 전년도 생산 수량을 먼저 확인한 후 생산팀과 유관부서에 자문을 구해 생산량을 도출해낸다. 이것은 객관식 문제에서 답을 찾는 방식이다. 하지만 실리콘밸리에서는 이런 질문들을 쏟아낸다. "생산라인의 사이클 타임은 어떻게 계산되죠?", "작업자가 많이 필요한 생산 방식인가요?", "생산 과정에서 불량이 발생할 텐데 생산 초기부터 안정화 단계까지 수율 예측에는 어떤 요소들이 감안되었나요?"

이 질문들은 기존의 경험과 가정에서 유추하는 것이 아니라, 생산라인을 완벽하게 이해해서 물리적으로 달성 가능한 목표를 정하는 과정이자 가능성과 잠재력을 발굴하는 작업이다. 이러한 보텀업bottoms up 방식의 커뮤니케이션을 하려면 문제 해결에 대한 매우 실리적인 태도가 뒷받침되어야 한다. 일례로 실리콘밸리에서는 임원도 실무자와 함께 문제 해결에 나선다.

테슬라의 성장을 닮은 나의 트랙 레코드

서플라이어의 CEO이자 프로젝트 개척자로 일한 지 반 년 정도 지나자 점점 성과가 나타나기 시작했다. 내가 컨설팅한 내용을 서플라이어 측에서도 잘 반영해주어서 예상했던 생산 물량보다 더 많은 물량을 확보할 수 있었다. 회사 내부에서도 서플라이어의 제품에 대한 리스크 및 생산 운영 시 주의해야 할 사항들이 사전에 철저히 검토되어 상하이 기가팩토리에서의 대량생산도 큰 차질 없이 진행되었다. 그 무렵 매니저와의 1:1 미팅 중 들은 피드백이 인상 깊었다.

"케빈, 네가 맡은 프로젝트가 너무 잘 되고 있어. 구매자의 역할을 제대로 해냈고, 엔지니어링과의 협업도 훌륭해. 아까 엔지니어링팀과 잠시 이야기를 나눴는데, 다른 프로젝트에서도 '어나더 케빈'another Kevin이 있어야 한다고 하더라. 나한테 너 같은 사람을 또 채용해달라고 부탁하더라고. 그래서 케빈과 비슷한 사람은 찾기 힘들다고 했지. 하하하!"

매니저의 피드백은 그 어떤 보상보다 값진 것이었다. 내가 맡은 프로젝트를 벤치마킹해서 다른 프로젝트에도 활용하고 싶다니! 담당자로서 이보다 더 큰 보람은 없지 않을까.

그 무렵 회사는 새로운 성공 경험을 위해 더없이 분주했다. 다만 외부에서는 상하이 공장의 가동에 많은 우려를 내비쳤다. 서플라이어들도 재고가 쌓이면 어떻게 될지, 실제로 차가 잘 팔리기는 할지 등 여러 모로 불안해했다. 하지만 상하이 공장은 성공적으로 가동되었고 그야말로 천장을 뚫는 폭발적인 수요가 터졌다. 테슬라를 바라보는 투자자와 세상의 시각도 달라졌다.

자연스레 그동안 상하이 공장의 성공적인 가동을 위해 최선을 다한 개별 기여자들에게도 금전적 보상이 이루어졌다. 상하이 기가팩토리 오픈 전보다 기업의 가치가 열 배 이상 성장하면서 직원들이 갖고 있는 주식 가치도 천정부지로 올랐다. 회사가 어려웠을 때 함께 고민하고 열정을 쏟은 직원들은 평생 상상도 못할 부를 실현할 수 있는 기회를 얻은 것이다. 나 또한 커리어에 있어 상징적인 트랙 레코드track record(실적의 개념, 성취와 실패의 경험을 모두 포함한다)를 쌓는 놀라운 경험을 했다.

변화를 반기면
얻게 되는 것들

미국 교육에서는 '성장형 사고방식'growth mindset 과 '고착형 사고방식'fixed mindset 이라는 개념이 종종 등장한다. 삶을 대하는 태도에 있어서 능력이나 스킬들이 노력을 통해 향상된다고 믿고 도전과 피드백을 반기는 마인드가 '성장형 사고방식'이다. 반면 '고착형 사고방식'은 사람의 능력과 잠재력은 이미 정해져 있기 때문에 안 될 것 같은 일은 포기하고 새로운 변화는 피하는 편안한 삶을 지향한다.

커리어를 쌓아나가다 보면 여러 가지 역경과 도전이 있기 마련이다. 나도 테슬라에서 서플라이어 관리를 하면서 다양한 위기를 겪었다. 영원한 건 아무것도 없듯이 조직은 끊임없이 변화했고 팀원들도 주기적으로 교체되었다. 그런 변화를 두려워할 것인가, 아니면 성장의 기회로 여길 것인가는 전적으로 본인의 마음먹기에 달려 있다.

성장형 사고방식이 중요한 이유

어느 날 매니저로부터 1:1 미팅 신청이 들어왔다.

"케빈, 우리 팀의 ○○가 다른 팀으로 옮긴대. 케빈도 알다시피 지금 ○○가 맡고 있는 프로젝트가 회사에서 가장 중요한 프로젝트잖아. 케빈이 그동안의 성공 경험으로 이 새로운 프로젝트를 맡아서 진행해줬으면 좋겠어. 대신 사람을 한 명 구해서 케빈을 보조할 수 있도록 해줄게. 생각해보고 말해줘."

매니저의 제안을 듣고 나서 여러 가지 시나리오를 고려해봤다. 지금 맡고 있는 프로젝트는 정립해놓은 프로세스대로 관리만 잘하면 되기 때문에 커리어 측면에서 봤을 때는 새롭게 배울 점은 적었다. 하지만 새로운 프로젝트를 추가로 맡을 경우에는 기대에 못 미치거나 실수를 해서 지금까지 쌓아온 트랙 레코드에 흠집이 생길 수도 있었다. 도무지 쉽게 결론이 나지 않았다. 그때 다시 실리콘밸리에 오기까지의 초심을 떠올렸다.

나는 어느 조직에서든 안주해본 적이 없다. 맡은 일에 루틴이 생기면 늘 새로운 도전을 위해 배팅해왔는데, 이는 성장형 사고방식을 하려고 의식적으로 노력해온 것과 변화를 두려워하지 않는 성향 때문이다. 내가 어떤 사람인지 다시 한 번 확인하는 순간, 더 이상 고민할 필요가 없었다. 바로 매니저에게 새로운 프로젝트에 도전하겠다는 의사를 표명했다. 그 후 며칠 만에 나와 함께 일할 사람을 채용하고 곧바로 새로운 프로젝트에 돌입했다.

새로운 프로젝트는 기존 프로젝트와는 조건 자체가 달랐다. 비즈니스 모델, 프로젝트 구성원들의 자질, 기업의 지배구조 측면, 제품 개발의 원칙, 생산의 효율성을 이끌어가는 방식 등이 달랐다. 다양한 각도에서 그 차이를 이해하고 프로젝트 요건에 맞는 새로운 관리 전략을 세워야만 했다. 특히 나의 역할이 종전의 프로젝트와는 달라졌다. 공식적인 매니저는 아니지만 신규 직원의 잠재력을 끌어내 프로젝트의 완성도를 높이는 세미 매니저semi-manager 역할을 맡게 되었다.

그동안 내가 매니저들과 일하며 그들로부터 배운 교훈과 번아웃을 극복한 사례 등을 교훈 삼아 나만의 매니지먼트 스타일을 만들어 적용해보고 싶었다. 무엇보다 중요한 것은 나와 같이 일하는 직원이 자율성에 기반해 스스로 프로젝트의 주인임을 인지하고, 일하는 과정에서 자부심을 느끼게 해주고 싶었다.

테슬라의 그룹 매니저가 되다

새로운 프로젝트를 위해 네바다의 기가팩토리로 출장을 갔다. 인턴 시절 황무지에서 시작된 기가팩토리가 어느덧 형태를 갖추고 수많은 직원들이 테슬라의 미션을 향해 동분서주하고 있는 모습을 보니 감격스럽기까지 했다. 새로 합류한 팀원 루디와 수차례 공장 내부를 점검하면서 생산라인마다 프로세스를 세분화해 어느 정도의 생산이 가능할지 계산했다. 아울러 어느 지점에서 병목현상이 발생하는지도 파악해나갔다.

새로운 서플라이어와 일을 할 때는 그들의 생산량이 우리가 원하는 목표치에 다다를 수 있도록 다양한 방법으로 생산 프로세스를 개선하는 노력을 기울였다. 그들의 잠재력을 최대치로 끌어올리기 위해 상하이 프로젝트에서 시도했던 여러 가지 방법과 시행착오를 겪으며 깨달은 교훈들도 활용했다.

서플라이어마다 생산 방식은 각기 다르지만, 그들이 갖고 있는 문제를 해결한 원칙은 같았다. 테슬라의 문제 접근법인 '제1원칙 사고'를 통해 각 서플라이어의 생산 여건을 면밀히 파악해서 최대 목표치를 설정한 다음, 이론과 실제의 괴리가 발생하는 부분을 정확히 파악해 개선점을 찾아냈다. 루디에게도 이러한 접근법을 공유하면서 그가 이전 직장의 사업 개발 부서에서 쌓아왔던 노하우를 서플라이 체인 업무에도 적용해가면서 코칭했다. 그가 가능한 빨리 프로젝트의 주인이 될 수 있도록 함께 어젠다와 전략을 수립하고, 서플라이어와의 주간 미팅을 주도하게끔 사전에 주요한 내용을 이해시켰다. 또한 나의 과거 번아웃 경험을 교훈삼아 그와 대화할 때는 나의 생각을 강요하지 않고 의견을 공유하면서 서로 배운다는 자세를 지키려고 노력했다.

아무리 같은 목표를 갖고 일하는 동료라고 해도 서로 다른 사고와 일하는 방식은 존재한다. 모두 각자의 분야에서 최선을 다하지만 개개인의 경험과 지식에 따라 각기 다른 견해와 방식을 가질 수밖에 없다. 내가 생각하는 매니저의 역할은 가능하면 팀원의 장점을 찾아내 업무에 적용하면서 최선의 결과물을 이끌어내는 것이라고 생각했다. 그 과정에서 자연스럽게 나만의 매니지먼트 스타일과 철학이 만들어진 것 같다.

그 어느 때보다 뜨거운 여름을 보낸 덕분일까. 프로젝트는 좋은 성과를 거둘 수 있었다. 프로젝트를 시작하기 전보다 서플라이어 측에서 할 수 있는 실행 계획들이 늘어났고 그것들이 적용될 때마다 생산량도 목표치에 가깝게 늘어났다. 우리가 함께 노력해서 회사의 미션 달성에 한 발 더 다가갈 수 있는 계기를 마련했다는 점에서 뿌듯함이 밀려왔다.

개인적으로는 나의 실험정신과 성장형 사고방식의 중요성을 다시 한 번 깨닫는 소중한 시간이었다. 모든 문제에 정답이 정해져 있다고 믿고 그 정답을 몰라 두려움에 떨기보다는 열린 마인드로 본질에 집중해 궁금증을 해소해나가다 보면 생각지도 못한 가능성을 발견할 수 있고 좋은 성과는 덤으로 얻어질 수 있다는 교훈을 얻게 되었다.

무엇보다 첫 코칭 대상인 루디를 나의 매니지먼트 스타일로 이끌어서 성공적으로 프로젝트를 수행한 점이 의미 있었다. 나에게도 매니저로서의 새로운 트랙 레코드가 생긴 것이다. 실제로 생산 부서의 한 매니저가 나에게 "루디는 정말 최고야!"라며 칭찬을 아끼지 않았다. 이전에 내 매니저가 "엔지니어들이 '어나더 케빈'이 필요하다고 해."라며 칭찬해주던 말도 떠올라 더없이 흐뭇했다. 그때의 데자뷰를 느끼면서 어느새 내가 테슬라에서 보낸 시간도 꽤 흘렀다는 생각에 감회가 깊었다.

그해 퍼포먼스 리뷰performance review(인사 평가) 시즌 때 나는 정식으로 테슬라의 그룹 매니저가 되었다. 그동안 수행한 프로젝트의 성과와 팀원 루디를 잘 이끌어낸 점을 인정받은 결과였다. 개별 기여자가 아닌 그들을 관리하는 매니지먼트 트랙에 입문하게 된 것이다. 나에게 새로운 업무와 변화를 두려워하지 않는 성장형 사고방식이 없었다면, 성과를 낼 도전의 기회도 없었을 것이고 새로운 커리어의 문도 열리지 않았을 것이다.

개별 기여자에서 매니저로, 또 다른 성장일기를 쓰다

매니저가 되기 전, 출근해서 가장 먼저 한 일은 프로젝트에 문제가 생겼는지 여부를 체크하는 것이었다. 만약 문제가 생겼다면 그것을 어떻게 해결할지 고민하면서 하루를 시작했다. 이메일을 확인할 때도 프로젝트 관련 이슈부터 찾기 바빴기 때문에 중요한 이벤트나 회사 차원의 큰 이슈 등은 놓치기 일쑤였다.

하지만 매니저가 된 후로는 달력을 먼저 보게 되었다. 오늘은 어떤 중요한 미팅이 있는지, 마감이 잡힌 일은 무엇인지 등을 파악하면서 하루를 어떻게 효율적으로 사용해서 팀원들을 도와 프로젝트를 이끌어나갈지에 대해 고민했다. 또 한 가지 나만의 모닝 루틴이 생겼다. 회사의 비즈니스와 관련된 글로벌 뉴스와 트렌드를 거시적인 관점에서 해석해보고 싶어서 매일 아침 15분 동안은 종이신문을 읽으며 생각하는 시간을 갖게 되었다.

테슬라 매니저의 요건 1

사람에 대한 깊은 이해

매니저가 된 후, 좋은 매니저가 되기 위해 필요한 것이 무엇인지에 대해 많은 고민을 했다. 그리고 내 나름대로 세 가지 포인트로 정리해보았다. 우선 가장 중요한 역량은 '사람에 대한 깊은 이해'라고 생각한다. 나는 다양성을 중시하기 때문에 매니저로서 팀원을 더잘 이해할 수 있다는 자신감을 갖고 있었다. 하지만 바로 그 부분에서 큰 실수를 한 적이 있다. 팀원 중 한 명이 서플라이어의 품질 이슈 문제로 고민 중이었다. 매우 중요한 사안이라서 나도 문제 해결과정에 참여해 함께 솔루션을 내고 있었다. 그러던 중 엔지니어링쪽으로부터 한 통의 이메일을 받았다.

그 이메일에는 이슈 분석과 물량이 비즈니스에 미치는 영향에 대한 내용이 정리되어 있었다. 문득 서플라이 매니저로서의 역할 및 업무에 대한 통제권을 엔지니어링팀에게 빼앗긴 느낌이 들었다.

물량에 대한 분석과 다음 단계에 대한 제안은 우리 쪽에서 해야 하는데, 오히려 엔지니어링 쪽에서 제안하니 우리 팀원이 할 일을 안 하거나 못하고 있다는 생각이 들었다. 나는 팀원에게 이메일로 "이러한 업무 내용이 엔지니어링 쪽에서 나온다는 것은 서플라이 매니저로서의 역할을 제대로 하지 못하고 있는 것입니다."라고 간단한 메시지를 보냈다. 몇 시간 뒤 팀원으로부터 장문의 이메일 답변이 왔다.

물량 및 관련 비즈니스 내용은 자신이 제안했으며, 단지 엔지니어링 쪽에서 그 내용을 정리해서 메일로 보냈을 뿐이라는 것이었다. 자신을 변호하는 내용의 이메일이었다. 순간, '아차' 하는 마음이 들었다. 나의 예전 경험이 떠올랐기 때문이다. 당시 나의 매니저가 사사건건 업무에 간섭을 해서 내가 얼마나 위축되어 있었던가. 새로운 가치를 창조하는 일보다 나를 보호하는 데 시간과 에너지를 쓰면서 괴로워했던 내 모습이 생각났다. 매니저가 되면 절대 그런 실수를 반복하지 않겠다고 다짐해 놓고는 똑같은 실수를 반복한 것이다.

바로 그를 만나 허심탄회하게 이야기 나누면서 오해를 풀었지만, 그건 명백한 나의 실수였다. 그에게 메시지를 보내기 전에 나 자신에게 몇 가지 질문부터 했어야 했다. 가령 '그는 어떤 방식으로 매니저와 소통하길 원할까?', '그의 경력상 업무 내용 정리 능력은 어느 정도일까?', '내가 팀원들에게 서플라이 매니저 역할에 대해 구체적으로 언급한 적이 있었던가?' 등이다. 그 일을 계기로 나는 다시 한 번 좋은 매니저가 되기 위해서는 상대를 깊이 이해하고자 하는 자세와 연습이 필요하다는 것을 절감했다.

좋은 질문을 하는 능력

두 번째 요건은 '좋은 질문을 하는 능력'이다. 질문을 잘 하면 아래로는 팀원들이 더 나은 액션을 취할 수 있고 위로는 나의 매니저들이 올바른 결정을 내리는 데도 도움을 줄 수 있다. 내 디렉터는 이 부분에서 탁월했다. 회사의 중요한 의사결정을 하는 미팅에서는 핵심을 꿰뚫는 질문으로 임원들이 최선의 결정을 내릴 수 있도록 유도했다. 또한 질문만으로도 각 팀들이 정확한 방향성을 갖고 업무를 할 수 있도록 이끌었다.

"제품 포트폴리오가 바뀌면 서플라이 체인을 재구성하는 데 더 많은 시간이 필요합니다. 이렇게 되면 회사의 미션을 수행하는 데 지장이 생깁니다. 임원 분들은 포트폴리오에 어느 정도의 확신이 있으신가요?"

이 질문은 임원들에게 회사의 전략을 다시 한 번 상기시키면서, 시장 및 서플라이 체인의 상황에 맞게 포트폴리오 변경안을 고민하게 했다. 실리콘밸리에서는 상사의 말보다 미션 실행이 조직 내 우선순위 중 가장 높다. 또한 그는 1:1 미팅을 하거나 팀원들과의 프로젝트 리뷰 미팅을 할 때도 질문을 통해 담당자들이 더 깊이 고민해볼 시사점을 던져준다.

"이러한 결과가 나올 것이라고 예상하지 못했을 텐데요… 지금 제가 제안하는 방식으로 계산했을 때도 같은 결과가 나올까요?"

그는 절대로 무엇을 어떻게 하라는 식의 지시나, 팀의 제안에 대해 '맞았다, 틀렸다'라는 단정적인 표현도 하지 않았다. 그저 질문을 통해 미처 생각하지 못한 부분을 고민해볼 수 있는 기회를 줄 뿐이다.

이러한 질문 방식은 강력한 매니지먼트의 도구로 작용할 수 있다. 내가 개별 기여자로 일을 하지 않더라도 질문을 통해 어떻게 일이 진행되는지 파악할 수 있고, 컨설턴트로서 팀원들의 잠재력을 끌어냄과 동시에 업무 능력을 향상시키는 코칭 툴로도 활용할 수 있다. 물론 배경지식이 많다고 해서 질문을 잘하는 것은 아니다. 이는 다양성을 존중하고 타인의 의견에 귀 기울이는 소통이 남달라야 가능하다고 생각한다. 나는 디렉터와 함께 일하면서 그의 질문법을 배우려고 노력했다. 아울러 이를 나의 매니지먼트 스타일에 어떻게 적용하면 효과적일지에 대해서도 내내 고민하고 발전시켜 나갔다.

탁월한 트랙 레코드

좋은 매니저가 되기 위해 갖춰야 할 요건 중 마지막은 '탁월한 트랙 레코드'라고 본다. 개별 기여자의 트랙 레코드가 팀 내에서 성장하기 위해 중요한 요소라면 매니저의 트랙 레코드는 팀과 회사의 범위를 벗어나기도 한다.

나의 경우 팀의 프로젝트 범위와 수가 늘어나면서 팀원을 충원해야 하는 시기가 있었다. 실리콘밸리의 특성상 채용은 필요에 따라 생긴 역할에 가장 적합한 지원자를 찾는 것으로 매니저가 직접 나서서 발로 뛰는 경우가 많다. 인터뷰에서는 매니저가 지원자에게 질문을 할 뿐 아니라, 지원자도 채용자에게 많은 질문을 한다. 물론 역할에 대한 질문 위주지만 나의 매니지먼트 스타일과 팀 내에서의 커리어 성장성에 대한 질문도 많이 받았다. 결국 매니저 스스로 지원자들에게 자신의 팀 브랜드를 홍보해야 한다.

이런 경험도 있었다. 팀원을 채용하던 시기에 한번은 지인 두 명을 인터뷰해야 했다. 한 명은 애플에서 일할 때의 동료로 애플에서 나온 이후에도 종종 연락을 하고 지냈는데 마침 안부를 전하다 내 채용 소식을 공유하게 됐다. 얼마 지나지 않아 그는 나의 매니지먼트 스타일을 믿고 팀에 지원했다. 다른 한 명은 당시 내 팀원의 지인으로 그를 통해 채용 소식과 팀 문화를 파악한 후 지원했다.

이렇듯 실리콘밸리는 네트워크 사회라 내가 어떻게 일해왔고 어떤 스타일의 매니지먼트를 추구하는지에 대해 네트워킹을 통해 대략 파악할 수 있다. 결국 매니저로서 나부터 트랙 레코드를 잘 구축해놔야 인재가 몰리고 팀의 역량도 한 단계 높아진다. 더 나아가 회사의 조직문화도 긍정적인 방향으로 발전할 수 있다.

직장인의 삶이란 어디에서든 늘 바쁘겠지만 한국에서 일할 때와는 분명 다른 점이 많다. 테슬라에서의 하루 일과는 루틴이 있으면서도 동시에 불규칙적이다. 아니, 시시각각 새로운 이슈가 생기고 그에 맞춰 끊임없이 관련 담당자들과 소통하는 것(회의가 아니라)이라고 보는 게 맞겠다. 실리콘밸리 직장인의 사는 모습은 조금씩 다르겠지만, 테슬라에서의 내 하루 일과를 정리해보았다.

`7:00` 기상

`8:00` 첫째 아이 등원시키고 출근

● 샌프란시스코 집에서 자율주행으로 출근하는 길. 출퇴근 시간에 팟캐스트를 통해 뉴스를 듣거나, 회의를 하거나, 명상을 하는 데 큰 도움이 된다.

팔로알토 사무실 도착

● 테슬라 오리지널 본사

● 테슬라 사무실 입구 충전소 모습. 테슬라의 잔여 주행거리가 70마일 이하이면, 직원들을
위해 무료로 발렛 파킹 및 충전을 해준다.

9:35~10:00 1층에서 커피를 받고, 사무실로 가서 이메일을 확인한다. 이어

서 오늘 해야 할 업무들의 우선순위를 정리한다.

● 회사 로비에 비치해 놓은 테슬라 세미 트럭 모형과 테슬라 파워월powerwall. 파워월은 전력을 저장하고 전력망이 중단될 때 자동으로 정전을 감지하여 전력원이 되는 주택용 배터리다.

10:00~12:00 주간 서플라이 미팅 등 30분 단위로 다른 실무자들과 미팅이

이어진다.

점심시간은 특정 시간대로 정해져 있지 않다. 보통 12시에서 1시 사이, 회의가 없는 시간을 활용해 간단히 점심을 먹는다. 한국처럼 점심 회식 문화는 없다.

● 회사 안의 케이터링이나 푸드트럭에서 판매하는 점심들. 집에서 점심을 준비해오는 경우도 많다.

● 회사 주차장 옆 언덕에서의 풍경. 보통 여기서 동료들과 점심을 먹거나 가벼운 해피아워 등의 이벤트가 진행된다. 회사 바로 옆에 승마장이 있어서 종종 승마를 하는 사람도 보이곤 한다.

`13:00~13:30` 나의 팀원들과 하는 주간 팀 미팅

`13:30~14:30` 정기 엔지니어링 미팅

`14:30~15:00` 4시 미팅을 위한 자료 작성

`15:00~15:30` 나의 팀원 루디와의 1:1 미팅. 도움이 필요한 일들, 프로젝

트 성과, 주요 이슈들, 개인적인 업데이트 내용 등을 공유한다.

`15:30~16:00` 임원(상사)과 1:1 미팅도 물론 있다. 상사로부터 도움이 필요한

일들이 있는지, 팀의 방향과 성과는 어떤지, 출장 계획 등을 공유한다.

1:1 미팅은 보고나 지시 등 일방적인 커뮤니케이션을 하지 않는다. 주로 일의

방향성에 대한 컨설팅 또는 서로 도움을 요청하는 자리다. 테슬라는 제조기

업이지만 여전히 스타트업의 분위기가 강한 특성을 지니고 있다.

`16:00~17:00` 아시아 서플라이어(협력사) 미팅

`17:00~18:00` 퇴근과 함께 아시아 서플라이어 미팅. 업무 시간에 했던 미팅은

퇴근길에 운전하면서도 계속 이어진다. 일상적 루틴이 됐다.

18:00~20:00 저녁식사 또는 가족과 보내는 시간

● 전형적인 실리콘밸리의 거리 모습. 초저녁쯤 가벼운 저녁과 음료를 마시며 네트워킹 하는
  모습을 흔히 볼 수 있다. 온화한 날씨로 인해 아웃도어 다이닝도 흔하다.

20:00~21:00 주로 개인 시간으로 보내지만 가끔 글로벌 팀과 주간 회의를 할

때도 있다.

`21:00~22:00` 넷플릭스, 유튜브 시청 등 개인시간

`22:15~22:30` 마지막 이메일 확인. 다른 나라의 글로벌 팀에 긴급한 이슈는

없는지 체크한다.

`22:30` 취침!

제 3 장

Getting Things Done

: 실리콘밸리에서는 일단 일이 되게 한다

실리콘밸리의 기업이라서 특화된 제품을 더 잘 알거나
그에 대한 제조 노하우가 있는 것은 아니다.
그렇다면 이들 기업이 각 산업에서 글로벌 리더로 자리매김한 이유는 무엇일까?
바로 '미친 생각'을 할 수 있는 마인드에 있다.

애플에 출근하자마자
CEO가 되다

애플에 입사한 후 가장 놀라웠던 점은 매일 내가 내리는 결정이 어떤 회사를 키울 수도 있고 죽일 수도 있는 중차대한 것이라는 점이었다. 어찌 보면 다소 위험한 권한이기도 하지만, 회사 입장에서는 내가 해당 분야의 CEO 역할을 해줄 거라 믿고 채용한 거니 당연한 권한이라 볼 수도 있다. 이는 한국과 실리콘밸리의 기업문화 근간이 다르기 때문에 가능한 조직 운영 방식이다. 나는 우선 역사적·지리적 배경의 차이가 크기 때문이라고 생각한다. 지금은 한국의 기업문화도 많이 달라졌지만, 여전히 유교 문화에 기반해서 결정권자의 명령에 따라 조직이 일사분란하게 업무를 실행해나가는 경향이 짙다. 해당 분야의 전문가가 직접 의사결정해서 일을 진행하기보다는 윗사람에게 보고한 후 컨펌을 받아서 진행한다.

반면 실리콘밸리 기업의 조직문화에서는 자유와 독립 정신이 중요하다. 다양한 인종과 서로 다른 배경을 지닌 사람들이 각자의 잠재력을 맘껏 발휘하는 곳이기 때문에 톱다운 방식보다는 회사의 목표를 이루어나가는 과정에서 서로의 다양성을 존중해주고 거기서 나오는 시너지를 중시한다.

내 프로젝트의 CEO는 바로 나

2018년 무렵, 나는 애플에서 센서 구매 업무를 담당하고 있었다. 그런데 내가 관리하던 부품 중 하나가 대량생산을 하기에는 매우 정밀한 디자인과 까다로운 양산 조건을 요구하는 것이어서 생산 가능한 곳은 일본 업체 한 군데밖에 없었다. 하지만 MBA에서 배웠듯이 산업이 '독점'monopoly 혹은 '복점'duopoly으로 형성되면 구매자 입장에서는 가격 및 물량 협상에서 매우 불리해진다. 이렇게 제품이나 서비스를 한 회사가 독점하면 소비자 입장에서는 대체제의 선택이 주어지지 않기 때문에 불합리한 가격으로 구매할 수밖에 없다. 독점에 비해 복점의 상황은 조금 낫기는 하지만, 두 회사가 가격담

합을 하는 경우도 있고 제품의 품질 및 가격 경쟁력을 획기적으로 향상시키기에는 한계가 있다.

그때 내가 가장 먼저 해야 할 일은 신규 업체를 두 군데 이상 발굴해서 독점 형태로 진행되는 구매 행태를 바꾸는 것이었다. 센서팀으로 오기 전 디스플레이팀에서 일하면서 익힌 지식과 경험을 새롭게 적용해 신규 업체 발굴도 해보고 싶었다. 이를 위해 우선 엔지니어링팀과 수차례 미팅을 했다. 기술적으로 매우 까다로운 부품이기 때문에 엔지니어링팀과 미팅하면서 어떤 부분에 가장 주안점을 두어야 하는지부터 파악했다.

하지만 회사의 엔지니어 담당들은 신규 업체를 발굴하기에는 프로젝트 규모 대비 우리의 테스트 여건과 관리 인력의 역량이 걸림돌이 될 거라고 생각했다. 대개 신규 업체를 제안하면 기존 업체에 맞춰져 있는 각종 프로세스를 다시 구축해야 하기 때문에 내부 저항이 있다. 그래서 그들을 설득해야만 했다. 모든 유관부서의 동의를 얻기 위해 '왜 우리가 신규 업체를 발굴해야 하는지', '어느 정도의 금액과 추가 물량 증대 효과를 가져올 수 있는지'를 구체적인 데이터를 바탕으로 정리해서 어필했다.

디스플레이팀에서도 비슷한 경우가 있었다. 그때도 내가 발굴한 업체의 부품이 엔지니어링 검증상 어려움이 있어서 엔지니어들에게 프로젝트 리스크를 가장 적게 안겨줄 방안이 필요했다. 그래서 완성된 제품을 검증하는 대신 반제품 상태로 검증해 나가면서 데이터를 쌓고 엔지니어들의 신뢰를 얻었다. 이렇게 시간이 부족할 때는 완제품 상태가 아니라 부품 단위에서 검증해도 80퍼센트 정도는 확신을 얻을 수 있다. 센서팀에서 새로운 업체를 세팅할 때도 디스플레이 팀에서 사용했던 '반제품 검증 플랜'을 활용했다. 이를 바탕으로 복수 거래처의 구매 전략을 수립한 후 내부 팀들의 동의를 이끌어냈다. 그때 내가 제안한 신규업체는 현재 애플의 정식 부품 공급업체가 되었다.

이러한 제안과 실행 계획은 상사의 지시로 내려오지 않는다. 해당 부품의 공급 책임자가 자발적으로 아이디어를 내서 추진하는 것이다. 내가 MBA에서 익힌 지식과 현장에서의 경험을 마음껏 활용하듯이, 구매팀의 직원들도 각기 다양한 경험과 지식을 이용해 최선의 결과를 내기 위해 날마다 CEO의 마인드로 고군분투한다.

실리콘밸리에 정규채용 제도가 없는 이유

실리콘밸리 회사들은 한국의 기업처럼 정기적으로 직원 채용을 하지 않는다. 이들은 직원 개개인을 '프로젝트의 성공을 위한 결정권자'로 여기기 때문에 프로젝트의 시행 시기와 내용에 따라 직원을 수시로 채용한다. 그리고 출근 첫날부터 바로 해당 프로젝트에 기여할 수 있는 인력이어야 하기 때문에 매우 신중하게 결정한다. 직원 한 명을 뽑기 위해 10명이 넘게 참여해서 수차례의 인터뷰 과정을 거치기도 한다. 나는 테슬라에 들어가기 위해 프레젠테이션 인터뷰와 1:1 인터뷰를 모두 치렀다. 프레젠테이션 인터뷰는 30분간 프레젠테이션을 한 후 질의응답 시간을 갖는 형식이었고, 이후의 인터뷰는 10명 정도의 각기 다른 분야의 담당자와 1:1로 하는 형식이었다.

반면 한국 기업들은 각종 스펙을 통해 검증된 인재들을 주기적으로 대거 채용한 후, 이들을 여러 프로젝트에 배치한다. 하지만 이 과정에서 각각의 프로젝트가 요구하는 바와 개인의 역량이 제대로 매칭되지 않는 경우가 많다. 물론 사내 교육과 트레이닝으로 우수한 인력의 잠재력을 끌어올릴 수도 있지만, 애초에 개개인이 지닌 자발적인 의지와 동기의 격차를 좁히기는 힘들다. 나만의 경쟁력이 빛을 발할 수 있는 프로젝트에 투입되어 자발적으로 일하는 과정에서 나오는 창의적 발상과 추진력은 남다를 수밖에 없다.

실리콘밸리는 다양한 인종이 모여 일하는 곳이기 때문에 동서양의 문화 차이가 존재한다. 집단의 화목을 중요시하는 문화와 개개인의 자율성을 우선으로 하는 문화가 어우러져 있다. 또한 반드시 회사에 나와야만 일을 할 수 있는 것도 아니다. 일하는 장소는 문제가 되지 않는다. 사무실에서 정해진 시간 동안 자기 책상에 앉아서 일하는 사람은 드물다. 무엇보다 큰 차이는 '우리'가 '함께'나 '같이' 하는 방식이 아니라, '나', '개인'이 주도하고 '책임'지는 방식으로 일한다. 물론 팀워크가 필요한 경우도 있지만 대개 프로젝트의 책임자는 나 자신이기 때문에 스스로 계획을 수립하고 실행 로드맵을 짜고 협업을 요청해야 한다.

명확하게 정해진 것은 단 한 가지밖에 없다. 바로 '내가 할 일'을 스스로 관리하면서 정해진 기간 안에 해내는 것이다. 일하는 시간, 장소, 방법은 각자의 선택에 달려 있으며 이 과정에서 끊임없이 스스로를 관리하는 능력이 필요하다. 실리콘밸리 기업들은 애초에 이러한 자기 관리 능력을 갖춘 사람들을 뽑기 때문에 대규모 공채를 할 필요가 없는 것이다.

테슬라에서 경험한
두 번째 번아웃

"케빈, 배터리 제품에 문제가 발견됐어요. 우리 공장에서 그 제품을 사용하면 라인이 멈춰버리는 현상이 반복되고 있어요."

"네? 검증을 마친 제품이고, 지난주까지만 해도 문제가 없었잖아요."

"더 이상 투입이 불가능해요. 일단 업체에 생산 중단 통보를 해야 할 것 같아요."

"이런, 지금 그 업체는 공장을 풀가동시켜서 생산하고 있는데요."

2020년 여름, 중국 상하이 공장장이 다급한 목소리로 전화를 해왔다. 해당 배터리 제품에 결함이 있다는 내용이었다. 당시 테슬라에서 내가 맡았던 배터리 제품은 중국 상하이 공장에 납품되고 있었다. 해당 공장이 본격적으로 생산 증량을 하고 있는 터라, 미국 현지시간으로 저녁부터는 주로 중국 공장 및 서플라이어들과 미팅을 했다.

2개월 동안 이어진 극도의 긴장감

상하이 공장에 투입된 배터리는 꽤 큰 규모의 물량이었기 때문에 가능한 빨리 문제를 해결하고 새로운 배터리를 받아야만 했다. 그야말로 '시간이 돈'인 상황이었다.

"가능한 빨리 데이터를 정리해주세요. 저는 본사에 보고하겠습니다. 엔지니어링팀과 서플라이 체인팀이 원인 분석부터 시작할게요."

"고마워요, 케빈. 수시로 상황을 체크하면서 빨리 문제를 풀어봅시다."

이후 나의 24시간은 오로지 이 문제를 해결하는 데 초점이 맞추어졌다. 하루가 마치 48시간인 듯 일했고 매순간 긴장감이 흘렀다. 회사 내에서도 상당히 큰 이슈였기 때문에 매일 저녁마다 문제 해결 상황 및 다음 단계 프로세스를 제안하는 보고서를 만들었고 저녁 9시에는 임원들과 상황을 공유하는 미팅을 했다.

그렇게 2개월 정도 해당 업무에만 매달리자 나도 모르게 번아웃이 찾아왔다. 사내의 모든 사람들이 나를 주시하는 것만 같은 중압감에 시달려야 했다. 일의 책임자로서 모든 상황을 면밀히 파악해야 했기 때문에 고도의 집중력이 필요했다. 게다가 문제의 원인을 찾기 위해 엔지니어들과 대화를 하다 보면 그때마다 또 생각해야 할 부분이 늘어났다. 그러면 또 그 부분의 실마리를 찾기 위해 가능한 모든 변수를 찾아야 했으므로 수도 없이 많은 미팅을 했고, 그로 인해 내가 해야 할 일은 기하급수적으로 늘어났다.

다행히 그 문제가 어느 정도 해결된 무렵 예정되어 있던 육아 휴직을 내면서 잠시 업무를 중단하게 됐다. 당시 이러한 일과 삶의 분리가 없었다면 번아웃 후유증으로 테슬라를 떠났을지도 모른다.

자율성에 기반한 실리콘밸리의 일하는 방식은 분명 큰 장점을 갖고 있다. 하지만 나 자신도 인지하지 못하는 상태에서 찾아온 번아웃 때문에 스스로를 갉아먹는 일도 비일비재하다. 좀 더 최선을 다하고 싶고 내가 원하면 얼마든지 더 많은 일을 할 수 있기 때문에 늘 완벽하게 일을 해야 한다는 강박이 생기고 어느새 나의 삶이 곧 일이 되어버리기도 한다.

번아웃을 이겨내기 위한 혼자만의 시간

그때 이후 나는 일하면서 중요한 원칙을 하나 세웠다. 스스로 번아 웃을 인식하고 이를 극복하기 위해 의도적으로 일에서 벗어나려는 노력을 한다는 것이다. 나의 경우, 한 달에 한 번은 반드시 휴가를 내서 하이킹을 다녔다.

휴대폰도 꺼놓고 일상과는 전혀 다른 환경을 만들었다. 산과 바다를 보며 땀을 흘리다보면 어느새 일을 잊고 자연 속에 있는 나 자신에만 집중하게 되는데 그 순간 내 안에서는 새로운 에너지가 채워지는 느낌이 들곤 했다.

언제인가 소설가 무라카미 하루키가 달리기를 하는 이유에 대해 적은 글을 본 적이 있다. 그는 달리기란 오직 자신만을 위한 침묵이자 공백이기에 주위의 풍경을 바라보고 자기 자신을 응시하는 시간으로서 굉장히 중요하게 여긴다고 느꼈다.

하루키의 달리기처럼 나의 하이킹은 그 무엇과도 바꿀 수 없는 귀중한 혼자만의 시간이었다. 그 시간은 나를 다시 달리게 하는 힘이 되어주었다.

● 즐겨 찾았던 샌프란시스코 근교 하이킹 장소들. 바쁜 업무와 빠르게 돌아가는 일상에서 잠시 벗어나
생각들을 정리하고 영감을 얻었다.

일개 사원이 '아웃퍼포머'가 되는 한끗 차이

한국에서 회사 생활을 하면서 가장 많이 들었던 말 중 하나는 '팀워크'다. 그래서 팀워크를 다지기 위한 워크숍을 별도로 열기도 하고 팀워크를 위해 회식도 참 많이 했다. 실리콘밸리에서도 당연히 팀워크는 중요하다. 하지만 팀워크가 목적인 경우는 없다. 필요에 의한 것이 아니라, 업무 문화 자체에 '우리는 원팀'이라는 의식이 자연스럽게 녹아 있어서 팀워크라는 단어를 쓸 필요가 없다.

실리콘밸리에서 원팀 문화가 보편화된 이유 중 하나는 성과급 시스템에 있다. 자유경제 원리를 가장 잘 실현하고 있는 미국, 특히 실리콘밸리에서는 이러한 시스템이 기업 운영과 문화에 중요한 요소다. 한국에서도 지금은 임직원에게 스톡옵션stock option (일정 기간 내에 미리 정해진 가격으로 소속 회사에서 자사 주식을 살 수 있는 권리)을 부여하는 제도가 점차 활성화되고 있지만, 실제로 회사로부터 스톡옵션을 제대로 받고 있는 사람은 많지 않을 것이다. 그만큼 대부분의 회사원들은 스톡옵션 제도를 본인들과는 무관한 제도라고 생각한다.

채용 제안을 받는 순간 '원팀'이 되는 마법

MBA를 마친 후, 애플의 채용 제안job offer 을 받았을 때의 일이다. 급여 항목에 적혀진 숫자들을 한참 동안 들여다봤다. 한국 기업에서 일할 때 받던 급여 수준과는 비교할 수 없을 정도의 금액이었던 것도 놀라웠지만, 그 외에 다양한 보상과 복지 내용도 기대 이상이었다. 그 순간 '나는 일개 사원일 뿐이다'라는 생각을 고쳐먹었다. 채용 제안서를 보면서 '회사가 나의 가치를 이렇게 높게 생각하고 있구나'라는 자부심을 느낄 수 있다는 사실이 신선한 충격이었다. 단순히 내 몸값이 높아져서 놀랐던 것은 아니다. 애플의 제안서는 '지금부터 우리는 같은 팀이다. 함께 성장해 나가자'라는 메시지와도 같았다.

한국에서 일할 때 월급 외의 수당이란 회사의 그해 실적에 따라 나오는 성과급뿐이었다. 다들 월급의 몇 배까지도 지급되는 성과급에 대한 기대가 컸다. 성과급이 나오는 달에는 모두 모여 회식을 했던 기억이 난다. 이는 반복되는 격무와 야근을 감내할 수 있는 일종의 유인책이었다. 힘에 부친 직장인들은 성과급을 받으면 잠시나마 사표를 써야겠다는 마음이 가라앉는다. 그렇게 잠시 활력을 되찾고 또 1년을 버틸 힘을 얻는다.

실리콘밸리 회사들은 대부분 월급 외에 회사의 지분을 직원들에게 나눠준다. 스톡옵션 형태로 모든 직원이 회사의 실제 주주가 된다. 보통 새로 들어온 직원들에게는 수령 스케줄vesting schedule에 따라 그 지분을 분할 지급한다. 예를 들어, 채용 제안서에 10만 달러치의 지분을 받기로 되어 있다면, 수령 스케줄이 4년일 경우에는 연간 2만 5천 달러씩 나눠서 받는 식이다. 만약 2년 뒤 회사를 나가게 되면 10만 달러 중 5만 달러치의 지분을 받고 나가는 것이다. 매달 혹은 분기마다 내 계좌에 회사 주식이 들어오는 것이 확인되면 내가 실리콘밸리 기업에서 일하고 있다는 게 실감나곤 했다.

전 세계 투자자들의 자본이 미국 회사들, 특히 실리콘밸리 기업으로 쏠리는 이유는 이들 기업들이 혁신적인 경제 생태계를 바탕으로 끊임없이 성장하고 있기 때문이다. 따라서 스타트업 창업자뿐만 아니라 실리콘밸리 기업의 직원들도 자신이 받은 지분이 회사의 성장에 힘입어 그 가치가 몇 배씩 오르는 놀라운 경험을 할 수 있다. 물론 회사의 가치가 떨어지거나 심지어 망하는 경우도 많아서 월급을 제외한 지분으로 새로운 부가 창출되지 못하는 경우도 많다. 하지만 실리콘밸리 사람들은 쉽게 낙담하지 않는다. 다른 회사에서 또 다른 기회와 희망을 가질 수 있는 가능성이 무궁무진하기 때문이다.

팀워크를 만드는 핵심 요소는 따로 있다

'이제부터는 내가 회사의 가치를 높여야겠다.'

입사와 동시에 회사의 지분을 받으면 불현듯 이런 생각이 든다. 각종 회의와 의사결정, 가령 제품 제조 시 가격을 절감할 수 있는 아이디어 하나하나가 회사의 성장과 미래 가치에 직접적인 영향을 준다는 것을 절감하게 된다. 나는 이러한 동기부여가 진정한 팀워크를 불러일으킨다고 믿고 있다. 직원 모두가 한배를 타고 각자가 맡은 프로젝트와 역할을 수행하며 나아가는 것이 진정한 팀워크이고, 그것은 회사를 성장시키는 원동력일 뿐만 아니라 직원들 개개인의 커리어를 성장시키고 새로운 부를 창출하게 한다.

직원들의 성장은 입사하면서 받은 지분의 가치가 올라가는 것으로 끝나는 게 아니다. 각자 회사에 공헌한 바에 따라 연례 퍼포먼스 리뷰를 통해 연차가 아닌 실력 순으로 진급을 시키고 그에 따라 지분도 매년 추가 지급한다. 매년 내 계좌에서 회사의 주식 수가 늘어나면 회사와 나는 보다 더 끈끈하게 묶이게 된다. 회사의 대주주가 되어가는 인재, 즉 '아웃퍼포머'outperformer들은 서로를 더 도와주고 격려해주며 회사의 성공을 위해 똘똘 뭉친다. 최고의 팀워크가 탄생하는 순간이다.

한국에서 직장생활을 할 때는 버틸 때까지 잘 버티는 게 중요하다. 시간이 흘러 연차가 높아지면 진급을 하고 그 기준에 맞는 월급과 성과급을 받기 때문이다. 그나마 남들보다 더 능동적으로 일하는 직원들은 회사의 임원이 되겠다는 꿈을 갖기도 했다. 임원이 되면 연봉이 수직 상승하고 한국 사회 특유의 조직문화 속에서 느끼는 희열감이 있기 때문이다. 물론 그러기 위해서는 동료들과의 경쟁에서 이겨야 하는데, 이런 마음으로 일을 하면 회사에 어떤 이익을 줄 것인가를 생각하기보다는 자신의 입지를 먼저 고민하게 된다.

경쟁문화가 지배적인 조직에서는 팀과 직원들 간의 정치적인 문제들도 늘어날 수밖에 없다. 보여주기식 일들이 늘어나고, 사내에서 주목받지 못하는 프로젝트를 진행하는 걸 꺼리게 되고, 팀 간 정보 공유도 원활하지 않아서 자신의 업무 영역이 아닌 경계에 있는 업무는 일단 내치고 본다.

한국에서 상품기획자로 일할 때 실제로 겪은 일이다. 새로운 프로젝트 기회를 발굴해서 벅찬 마음에 회사의 개발자들에게 소개한 적이 있다. 하지만 나의 프로젝트 제안을 들은 그들의 반응은 내 기대와는 너무나 달랐다. "우리 지금 힘든 거 알잖아요. 이렇게 또 새로운 프로젝트를 갖고 오면 어떻게 해요." 그들의 원망 섞인 반응에 의기소침해진 나는 새로운 프로젝트를 끌고 나갈 동력을 잃고 말았다.

반면 실리콘밸리에서는 누군가 새로운 프로젝트를 제안하면 많은 팀들이 궁금해하고 회사를 위해 프로젝트를 발굴해준 것에 대해 고마워한다. 이러한 문화의 차이가 일개 사원을 최강의 아웃퍼포머로 거듭나게 한다. 즉 실리콘밸리 기업과 타 기업의 혁신과 성장 속도의 격차는 '회사의 일원으로 일할 것인가, 혹은 주인으로 일할 것인가' 사이에서 직원들 스스로 어떤 선택을 하느냐에 달려 있다.

애플과 테슬라의
공통점은 '거미줄'이다

애플과 테슬라는 엄연히 서로 다른 회사지만 공통점도 많다. 가장 대표적인 공통점은 회사의 조직이 거미줄처럼 촘촘히 연결되어 있다는 점이다. 이들 조직은 크게 세 가지 층으로 나뉘어져 있다. 첫 번째 층은 '조직의 상하를 잇는 거미줄'이고, 두 번째 층은 '팀 내의 마이크로 거미줄'이다. 마지막 층은 부서를 연결해주는 '글로벌 거미줄'이다.

애플에서 첫 프로젝트를 시작하자마자 이 거미줄과 같은 조직체계의 위력을 실감할 수 있었다. 우선 내가 관리하는 제품에 대해 컨설팅과 피드백을 해주는 매니저가 있고, 그 매니저의 의사결정에 대해 피드백을 해주는 상위 매니저가 있다. 물론 이 계층 구조는 얼핏 보면 한국의 조직과 유사해 보일 수 있다. 윗사람에게 보고하고 그의 컨펌을 받는 형태는 같다.

하지만 근본적으로 다른 것이 있다. 바로 사람과 사람을 잇는 거미줄이 더 촘촘하고 쌍방향이라는 점이다. 조금 더 쉽게 설명하자면, 내가 갑자기 없어져도 매니저는 내가 하던 일을 할 수 있다. 또한 반대로 내 매니저가 회사를 그만두어도 나는 계속 나의 일을 할 수 있다. 그만큼 매니저들과 개별 기여자들이 긴밀히 연결되어 있다.

첫 번째 거미줄, 개별 기여자와 피플 매니저

애플에 출근한 첫날, 내가 제일 먼저 한 일은 노트북을 수령하고 각종 소프트웨어를 설치하는 것이었다. 그러다 설치된 캘린더 앱에 '1:1'이라는 미팅 제목이 보였다. '1:1'은 매니저와 여러 가지 이야기를 나눌 수 있는 30분 정도의 주간 미팅이다. 이때 내가 맡고 있는 제품에서 일어나는 이슈들을 어떻게 접근하고 있으며 그 결과는 어떤지 알리면서 앞으로의 업무 방향성에 대해 의견을 내고 매니저와 피드백을 주고받는다. 그 미팅은 개별 기여자에게 여러 가지 시사점을 제시해준다.

입사 후 며칠이 지나도록 나는 개별 기여자와 '피플 매니저'people manager 라는 용어의 의미를 제대로 파악할 수 없었다. 일단 용어 자체가 너무 생소한 데다 명확히 소개된 자료도 없었다. 답답한 마음에 옆에 있던 동료에게 물어봤다. 나보다 3년 전에 입사한 애리얼과 나눈 그때의 대화는 아직도 기억에 생생하게 남아 있다.

"애리얼, 도대체 피플 매니저의 역할이 뭐야? 한국에서는 팀장이라는 직함이 있는데, 보통 그들은 팀원들에게 업무를 지시하고 팀 전체 업무의 책임을 지곤 해. 여기서 피플 매니저도 그런 역할을 해? 그들이 내가 할 일이 뭔지 그리고 어떻게 해야 할지를 가르쳐주나?"

"이곳에선 너 같은 개별 기여자가 프로젝트의 주인이야."

"그럼 매니저는 무슨 일을 해?"

"컨설턴트라고 생각하면 돼. 프로젝트의 주인은 너고, 네가 세운 계획과 해결안에 대해 매니저는 자신만의 경험과 다른 시각으로 가이드를 해줄 뿐이야. 너에게 뭘 어떻게 하라고 강요하진 않아."

지금 생각해보니 이 간단한 대화 속에 실리콘밸리 조직 문화의 핵심이 모두 녹아 있었다. '프로젝트의 주인은 바로 나다.' 실리콘밸리 기업의 문화는 이 한 문장으로 정의내릴 수 있다.

여러 개별 기여자들과 함께 일하고 있는 피플 매니저의 역할은 여러 모로 중요하다. 그들은 나무가 아닌 숲을 볼 줄 알고, 또 각각의 개별 기여자가 지닌 업무 역량과 스킬의 장단점을 파악하고 있기 때문에 그들이 서로 어떤 시너지를 낼 수 있는지 잘 알고 있다. 그리고 도움을 준다.

프로젝트를 진행할 때 개별 기여자에게 상당한 자율성이 부여되지만, 프로젝트의 성격에 따라 혹은 문제 유형에 따라 개별 기여자가 홀로 해결해내기 힘든 경우에는 피플 매니저들이 그동안의 경험과 다양한 시각으로 조언과 코칭을 해준다. 가끔 사안이 매우 심각할 경우에는 매니저도 개별 기여자와 함께 프로젝트에 매달려 문제를 풀어나가기도 한다.

반면에 개별 기여자는 사람을 관리하는 책임 없이 실무에만 매진한다. 이들은 프로젝트의 주인공으로서 실제 성과를 내는 주체다. 업무를 진행하면서 피플 매니저와 1:1 미팅 시간에 만나 각종 이슈를 논의한다. 미팅을 앞두고 이슈를 정리할 때는 가장 먼저 이슈의 본질을 파악하고 그 일이 일어난 인과관계를 정리한 후, 발생 시점부터 지금까지 해당 이슈가 어떻게 전개되고 있는지 구체적으로 정리한다. 이 과정에서 생산 물량과 가격 구조에 어떠한 영향이 있는지 한눈에 파악할 수 있다. 중요한 것은 그동안 상황 개선을 위해 어떤 액션을 실행했는지에 대한 현황과 미래를 '눈에 보이도록'visibility 하는 것이다.

이러한 체계가 있다 보니 중요도가 낮은 이슈들은 개별 기여자들이 마치 자율주행하듯 스스로 알아서 일을 해낸다. 핵심 이슈들은 여러 직속 매니저들의 리뷰를 통해 최대한 성공률이 높은 솔루션으로 문제를 해결해나간다.

두 번째 거미줄, 팀 구성원

애플에서의 첫 프로젝트는 디스플레이의 특정 부품을 관리하는 것이었다. 내가 관리하는 부품을 다른 팀원이 관리하는 업체에 공급하는 동시에, 내가 관리하는 부품에 들어가는 하위 부품들은 다른 팀원이 관리하는 업체를 통해 공급 받았다. 결국 나는 팀원들의 공급원이자 고객이었다.

신제품을 론칭할 때였다. 생산 계획을 짜면서 내가 맡은 부품의 월별 공급 계획부터 세웠다. 그런데 새 부품의 조립 프로세스와 샘플 평가 및 품질 결과를 종합해 분석한 결과, 초반 3개월의 양산 수율이 이전 대비 최소 15퍼센트가량 낮아질 것이 분명해 보였다. 즉 부품의 최종 생산 물량을 맞추기 위해선 그 부품에 들어가는 하위 부품들의 공급이 그만큼 더 필요했다. 그 하위 부품들 중 하나인 L부품은 세계적으로 공급이 한정되어 있었다. 결국 그로 인해 다른 상위 부품은 물론이고 그 부품이 들어가는 디스플레이, 최종적으로는 애플 제품의 생산 계획에까지 차질이 생길 수도 있었다. 이런 분석이 나온 다음날 바로 L부품 담당 동료와 미팅을 했다. 그의 생산 계획 리뷰를 듣고 보니 아니나 다를까, 그 계획대로 진행했다가는 물량을 맞출 수가 없었다. 그때 재빠르게 전략을 변경해서 프로그램 전반에 걸쳐 디자인 리뷰를 하고, L부품의 스펙을 조정해서 생산량을 증가시킬 수 있었다. 반대로 상위 부품을 관리하는 직원의 전략 덕분에 내가 맡은 부품의 전략을 새로 수립하기도 했다. 이처럼 상·하위 부품들은 유기적으로 연관되어 있어서 상호 영향을 주고받는다.

한번은 이런 일도 있었다. 두 군데 업체에 동일한 부품을 납품하기 위해 디자인 승인을 받아야 하는 상황이었는데, 유독 한 업체에서만 계속 불량 문제가 불거졌다. 디스플레이의 불을 밝히는 기능을 위한 백라이트를 투입하면 A회사에서 조립할 때는 문제가 없는데, B회사에서 조립하면 부품 결합상의 문제와 민감성의 문제로 기능이 작동하지 않는 것이다. 당시 양산 완료 시간이 한정되어 있었기 때문에 디자인 및 프로세스 개선이 아닌 다른 방법을 찾아야만 했다. 그때 내가 선택한 해결법은 유관 팀들과의 조율을 통해 최종 제품별 A, B회사의 할당량을 조절하는 것이었다. 기술 영역의 문제를 비즈니스 영역으로 전환시켜 풀어나갔다.

이처럼 나의 업무 결과와 인사이트가 그룹 내 다른 직원의 업무에 중요한 인풋이 되고 다른 직원의 아웃풋이 내 업무의 중요한 실마리를 제공하면서 최종적으로 회사 전체의 목표 달성에 한 걸음 더 다가가게 된다. 이는 애플의 팀 내부가 거미줄같이 서로 연결되어 있기 때문에 가능한 것이다. 팀원들이 각자의 업무에서 생기는 시행착오와 그 해결 과정을 공유하면서 서로에게 영감을 주는데, 이 과정에서 회사의 큰 흐름을 자연스럽게 익힐 수 있다. 그를 통해 자신의 업무 방향성이 회사의 지향점과 맞는지 돌아볼 수 있는 계기가 된다.

세 번째 거미줄, 각각의 부서들

"현재 A사는 Y제품을 만들기 위해 Z라는 프로세스를 쓰고 있는데, 이를 통해 제조비용을 10퍼센트 낮출 수 있었습니다. 현재 관리하시는 제품에도 이 프로세스가 적용이 되나요? 안 되고 있다면 적용해볼 수 있을까요?"

부서 간 미팅을 하던 중, 재무팀 팀원이 구매 그룹장인 나에게 조금은 엉뚱한 질문을 해왔다. 그 순간 내 머릿속에는 여러 가지 생각이 떠올랐다. 가장 먼저 떠오른 생각은 'Z 프로세스가 무엇인지 공부해봐야겠다'는 것이었고, 두 번째 생각은 '제조비용을 10퍼센트 절감할 수 있다면 구매 원가는 얼마나 절감할 수 있을까'에 대한 것이었다. 세 번째는 '과연 나는 지금 관리하고 있는 업체의 CEO 역할을 잘하고 있는 걸까' 하는 의구심이었다.

이런 상황이 전통적인 기업이나 이노베이션이 크게 요구되지 않는 기업에서 벌어졌다면 반응은 달랐을 것이다. '아니 왜 재무팀에서 내 업무에 관심을 갖지?' 혹은 '내 업무와는 상관없으니 여기에 괜히 시간과 에너지를 쏟지 말자' 등의 냉소적인 반응을 보였을 확률이 높다. 하지만 내가 회사의 주주라는 마음으로 일한다면 'Z 프로세스'가 회사의 최종 결산에 어떤 영향을 미치는지에 초점을 맞추어서 기꺼이 조사해보고 심도 있게 연구해야겠다는 생각을 하게 된다.

그 미팅 후 나는 해당 프로세스에 대해 여러 서플라이어들과 함께 논의했다. 과연 A사의 독보적인 기술인지 여부와 실제 산업 전반에서 쓰이고 있는지에 대해서도 면밀히 검토하면서 기술 및 프로세스 논의를 통해 결론을 도출했다. 실제로 가격 절감의 효과가 있다는 것이 확인되는 순간, 내가 관리하고 있는 프로세스의 수준을 더 끌어올려야겠다는 반성을 하게 되었다.

결과적으로 재무팀 직원의 질문은 내 업무의 퀄리티를 높이고 더 나아가 회사 전반에 긍정적인 영향을 미쳤다. 타 부서의 챌린지가 고맙게 느껴졌다. 코로나 팬데믹 때도 실리콘밸리 기업들이 건재할 수 있었던 이유는 이처럼 촘촘히 짜여진 거미줄과 같은 조직이 빛을 발했기 때문이다.

일론 머스크처럼 생각하고
테슬라처럼 해내는 법

2016년 여름은 내 인생에서 기억에 남을 만한 3개월이었다. 섭씨 40도가 넘는 네바다 주에 위치한 테슬라 기가팩토리에서 경험한 MBA 인턴십은 날씨만큼이나 뜨겁고 강렬했다. 오피스 업무에 익숙한 나에게 건물 뼈대만 세워진 공사 현장에서 일한다는 건 너무나 새로웠다. 기가팩토리에 처음 도착했을 때 받은 충격과 놀라움은 아직도 생생하다.

앞서 언급했듯이 그곳의 모든 것은 나의 기존 관념과 예상에서 벗어났다. 사무공간이라고 해봐야 소음이 가득한 와중에 한쪽에 놓인 간이책상들이 전부고, 그 책상에 앉아서 일하는 사람들도 별로 없었다. 진정 이곳이 사무실인지 공사 현장인지 도통 종잡을 수 없을 정도로 혼돈 그 자체였다.

그곳에서 근무한 3개월 동안 공사는 약 25퍼센트 정도 완료되었다. 이후 3년 만에 다시 업무 차 네바다의 기가팩토리에 방문했는데 그때 놀라움을 금치 못했다. 인턴십을 할 당시 팀과 리더들이 구상한 그 모습 그대로, 배터리 및 핵심 조립 프로세스가 수직 통합되어 가장 빠르게 대량의 배터리 팩을 찍어내는 공장이 내 눈앞에 펼쳐져 있었기 때문이다.

불가능한 일을 기어코 해내는 사람들이 모인 곳

"와, 진짜 해내고야 마는구나."

무의식중에 한국어로 혼잣말이 터져나왔다. 한국에서 어렸을 때부터 배운 교훈인 '안 되면 되게 하라'라는 말을 나는 이곳, 테슬라의 기가팩토리에서 처음 경험했다.

대부분의 기업과 사람들은 테슬라와 반대의 접근법을 택할 것이다. 예를 들어 같은 기가팩토리를 짓는다고 해보자. 각 프로세스마다 리드 타임 lead time(소요되는 시간)과 집행 금액 등을 취합한 결과, 총 어느 정도의 기간과 자금이 소요된다고 예상할 것이다.

각각의 프로세스마다 전문가가 완성도를 높이기 위해 보수적인 방법을 취하거나, 팀들은 하나의 미션을 향해 나아가기보다는 각개 전투로 뛸 가능성이 훨씬 높다. 하지만 그럴 경우 기가팩토리의 완공까지 몇 배의 시간과 금액이 더 필요하거나 혹은 완성하지 못할 수도 있다.

테슬라에서는 다른 접근법을 시도한다. 기존의 사례나 비슷한 경우에 사용한 방법들로 계획을 수립하지 않는다. 반드시 해내야 하는 목표를 위해 완전히 다른 방법과 태도를 강구해낸다. 이는 채용 요건에도 포함되어 있다.

실리콘밸리 기업들의 채용 요건 중 가장 보편적인 요구사항은 '빠르게 돌아가는 환경에서 적응하고', '완벽하지 않은 정보만으로도 의사결정을 내릴 수 있는 능력'을 갖추는 것이다. 그만큼 대혼란에 가까운 정신없는 환경에서 개개인들은 매일 벌어지는 새로운 문제들을 빠른 시간 안에 해결해내야 한다.

그렇지 않으면 회사 입장에서는 매일 변화하는 트렌드를 놓쳐서 아이디어의 제품화가 늦어질 수 있을뿐더러, 쏟아지는 혁신에 기반한 다른 회사와의 경쟁에서 밀릴 수도 있다. 실리콘밸리에서는 말 그대로 시간이 금이기 때문이다.

일론 머스크가 강조한 '제1원칙 사고'의 힘

가공할 만한 실행력을 보이려면 무엇보다 '미친 생각'이 필요하다. 문제를 풀거나 개발을 할 때 현재 산업 영역에서의 제약점을 당연시하고 지금까지 해오던 전통적인 방식을 사용하면 절대로 개선점을 찾을 수 없고 일을 빨리 실행할 수 없다. 이를 완전히 뒤엎기 위해서는 주위 사람이 비웃거나 말리더라도 매우 철저하게 실리만을 따지거나, '제1원칙 사고'first principles thinking 로 아이디어를 내야 한다. 이는 물리학에서 사용되는 방법으로 다른 가정이나 제안에서 유도하지 않고 근원적인 원리를 바탕으로 결론을 도출하는 것이다.

"나는 물리학이라는 프레임이 아주 좋은 사고법이라고 생각한다. 제1원칙 같은 모델을 말한다. 유추에 의해서 추론하기보다는 어떤 문제들을 근본적인 진실로 압축시킨 다음, 거기서부터 다시 생각한다."

일론 머스크가 강조하는 '제1원칙 사고'는 바로 테슬라의 힘이다. 직관이나 유추에 의지하지 않고 철저히 본질에 접근해서 '원리'를 통해 문제점을 파악하고 개선안을 도출해내는 것이다.

기가팩토리에는 이러한 철학이 녹아 있다. 테슬라의 미션은 세계가 더 빨리 친환경에너지의 시대로 넘어가는 것을 가속화할 수 있도록 돕는 것이다. 이 목표를 달성하기 위해서 현재 에너지 업계가 친환경으로 전환해주기를 기다리는 것보다 직접 팔을 걷어 붙여 배터리 및 제품의 주요 조립 공정이 수직적으로 통합된 기가팩토리를 지어 가격을 낮추고 보급 속도를 올리자는 것이다. 대규모의 투자금, 정부 정책의 불확실성, 아무도 해보지 않은 방법임을 감안했을 때 누구도 선뜻 이러한 아이디어를 실행해낼 수는 없다. 검토는 할 수 있어도 실행은 어렵다.

하지만 실리콘밸리에는 이러한 미친 생각에 매료되어 아무도 하지 못한 일들을 하고 싶어 안달이 난 사람들이 모여든다. 그래서 모든 구성원이 날마다 말도 안 되는 일을 벌이고, 장벽에 부딪혔을 때에는 서로 신속하게 도와서 빠르게 문제를 해결하려고 노력한다. 실제로 기가팩토리 디자인팀에서 일할 때 가장 놀랐던 것은 목표를 세팅하는 방법이었다. 디자인팀에서는 기가팩토리가 생산능력 목표를 갖추기 위해 공장의 인프라 및 레이아웃을 설계하고, 각 프로세스들의 공사를 목표 시점까지 완료시킬 수 있는 방법을 제안해야 한다. 즉 각각의 프로세스 전문가들과 협의하여 최대한 빨리 공장을 완성할 계획을 이끌어내야 한다.

이들은 수많은 프로젝트를 성공시킨 놀라운 경험을 가진 베테랑들이지만, 기가팩토리의 빠른 완공과 최소한의 운용 비용 달성을 위해 기존의 리드 타임과 금액은 염두에 두지 않았다. 네바다의 기가팩토리가 지닌 장단점부터 면밀히 파악해서 이를 바탕으로 가장 빠르고 싸게 각 프로세스들이 완성되고 통합될 수 있는 아이디어를 찾기 위해 모든 에너지와 시간을 쏟았다.

예를 들어 프로세스가 완성된 후 순차적으로 장비를 발주하는 것이 아니라, 프로세스가 검증되는 동안 장비를 공장에 들어오게 해서 생산 가능 날짜를 앞당기는 것이다. 만약 특정 프로세스에서 디자인이나 공정이 변경될 경우에는 모든 프로세스를 다시 설계해야 하기 때문에 금전적, 시간적으로 큰 손해를 볼 수도 있는 상황이었다. 실제로 이 일에 관여하지 않는 사람이 볼 때에 이것은 '미친 생각'이다. 물론 그런 실수는 충분히 생길 수 있다. 하지만 이미 예상된 것이기 때문에 중간에 디자인이나 공정이 변경되더라도 팀 내 그 누구도 서로를 나무라지 않는다. 그럴 시간에 새로운 아이디어를 내서 다시 빠르게 일정과 집행 방법을 변경해 목표 일정과 비용을 지켜나간다. 이러한 미친 생각과 무서울 정도의 몰입력이 기가 팩토리를 완공해낸 비결이었다.

'Getting Things Done', 결국 해내고야 만다

미국에 유학 오기 전, 한국 기업에서 일하며 가장 답답했던 점은 목표 실행을 위한 접근 방법이었다. 상품기획 조직은 시장 개척을 위해서 무엇이 필요한지 파악하고 고객의 입장에서 고민하여 회사의 제품 로드맵을 설계한다. 제품 기획을 위해 특히 엔지니어링 및 연구소와 일을 많이 했다. 그때마다 회사의 제품 경쟁력을 높이기 위해 여러 전문가 및 부서로부터 합의와 실행을 이끌어내야 했다.

그런데 관련 부서의 답변 패턴은 한결같았다. "이런 검증들을 해야 하기 때문에 그때까지는 안 됩니다.", "이 디자인은 설계를 해보지 않아서 안 될 것 같아요.", "이런 종류의 견적은 내본 적이 없어서 가격을 예측할 수 없습니다. 기존 데이터로 적당히 정리해서 드릴게요." 각각의 부서는 '안 되는 이유'를 매우 신속하고 혁신적으로 제시했다.

이러한 접근 방법은 실리콘밸리에서 한국 업체들과 일하면서도 많이 부딪힌 부분이다. 새로운 제품을 개발할 때 대개의 한국 업체들은 개발을 요구하는 속도가 너무 빠르다고 불평하거나, 도저히 해결 방법이 떠오르지 않으니 어떻게 해야 할지 알려달라고 요구한다. 구매자로서 가격 구조에 대해 업체들과 논의를 해보면, 대부분 제1원칙을 사용해 사고하기보다는 기존 제품의 견적 데이터를 바탕으로 이번에도 역시 비율상 특정 프로세스는 전체 제품의 가격 대비 '이 정도이지 않을까'라고 유추한다. 문제를 이런 식으로 접근하면 절대로 획기적이며 실행 가능한 가격 절감안이 나올 수 없다.

실리콘밸리에서 일하면서는 적어도 이런 답답함은 없었다. 그 바탕에는 모든 구성원들이 '해내고야 말자'는 마인드를 가진 데 있다. 이것이 바로 전 세계를 이끄는 제품 리더십의 원동력이다. 그래서 소수의 실리콘밸리 기업이 혁신적인 제품 개발은 물론이거니와 전 세계 수많은 기업, 특히 서플라이이어들을 관리하고 있는 것이다. 과연 이들이 특정 제품의 전문 기업, 예를 들어 반도체·배터리·디스플레이 기업들보다 지식과 경험의 폭이 넓어서일까? 그렇지 않다. 실리콘밸리의 기업이라서 특화된 제품을 더 잘 알거나 그에 대한 제조 노하우가 있는 것은 아니다. 심지어 공장조차 없는 경우도 있다.

그렇다면 이들 기업이 각 산업에서 글로벌 리더로 자리매김한 이유는 무엇일까? 바로 '미친 생각'을 할 수 있는 마인드에 있다. 혹여나 그 미친 생각 때문에 중간에 실패를 하더라도, 그 부분을 극복하며 더 강해지는 실리콘밸리의 리더십은 어느 누구에게도 쉽게 빼앗기지 않는 강력한 경쟁력이다. 오늘도 이들은 거친 파도가 몰아치는 바다를 항해하는 배의 선원처럼 고도의 집중력으로 각 기업의 사명인 북극성을 바라보며 문제 해결에 여념이 없다.

'What'이 아닌
'Why'로 질문하면 얻는 것들

"그냥 닥치고 하라는 대로 해."

학창 시절 학교에서 늘 듣던 말이다. 수업 시간에 엉뚱한 질문을 하거나 남들과 다르게 생각하지 말고, 그냥 선생님이 가르쳐주는 대로 필기하고 달달 외워서 시험에서 높은 점수를 받고 좋은 대학을 갈 수 있기 때문이다. 사회에서도 마찬가지다. 조직에서도 'What'에 초점을 맞추어서 '무엇을 하면 될까요?', '이 제안에서 혹시 틀린 게 있나요?' 등 과정보다는 결과에 집중하면서 일해야 인정받을 수 있었다.

그러다가 미국으로 유학 와서 MBA 수업을 듣다 보니 영 수업을 들는 것 같지가 않았다. 저명한 교수님들의 강의를 들으며 핵심 이론을 배워 차곡차곡 지식을 쌓고 싶었는데 실제 수업 분위기는 예상과는 전혀 달랐다. 학생들이 계속 질문을 하는 바람에 강의 흐름이 툭툭 끊겨서 몰입이 잘 되지 않았다.

실제로 MBA 수업은 교수가 이론을 설명하는 시간이 전체 강의 시간의 10퍼센트도 안 되는 경우도 많다. 수업 시간에 학생들끼리 논쟁만 하다 끝난 적도 있다. 미국에서 교수는 지식 전달자가 아니다. 그들은 학생들의 질문과 답변이 주제에서 벗어나지 않도록 가이드 하는 조력자 역할을 중요하게 생각한다.

'Why'로 질문해야 하는 이유

MBA를 다니며 나는 점차 'What'보다는 'Why'에 집중하는 법을 배워갔다. 일을 할 때도 'Why'에 초점을 맞추면 다양한 관점에서 새로운 사고를 할 수 있다. '왜 이런 제품 디자인이 나왔을까?', '왜 이 제품의 성능은 종전의 한계를 뛰어넘을 수 없을까?', '왜 그때는 이 생각을 못 했을까?' 등 결과보다는 과정에 의문을 제기하는 질문은 분명 창의적인 문제해결을 위한 실마리를 제공해준다.

실리콘밸리도 미국의 교육 문화에서 발전된 철학을 공유하고 있다. 새로운 제품과 서비스를 개발하기 위해 '왜 시뮬레이션의 결과가 실제 테스트 결과와 다를까?', '왜 과거에는 구현되지 않았을까?' 등 끝없이 'Why'라는 질문을 한다. 꼬치꼬치 따지듯이 질문하는 것에 익숙하지 않은 사람들은 누군가가 이런 방식으로 접근해오면 집요하다고 생각할 수도 있다. 하지만 이러한 사고는 실리콘밸리식 혁신에 여러 형태로 도움을 준다.

무엇보다 'Why'로 질문하면 주제에 대한 이해가 깊어진다. 나는 실리콘밸리에 오기 전 상품기획자로 일하며 전 세계 자동차 회사들의 구매 담당자들을 많이 만났다. 회사의 최신 제품을 소개하고, 어떤 신제품을 개발하면 좋을지에 대한 답을 구하기 위해 그들과 회의를 자주 했다. 그런데 그들은 거시적 차원에서 제품 생산에 들어가는 비용과 성능 정도는 알고 있지만, 앞으로 어떤 제품이 나와야 한다는 비즈니스 관점의 의견은 내지 못했다. 제품의 디테일이나 기술 등에 관해 깊게 알려는 노력도 부족해 보였고 질문도 스케줄이나 용어에 대한 정의를 파악하는 선에서 그쳤다. 왜 이런 기술이 개발되었고, 왜 미래의 자동차 로드맵이 그러한지 'Why'에 대한 고민이 빠져 있었다.

상황이 이렇다 보니 상품기획자로서 고객의 니즈를 파악하기가 어려웠고 당시 회사의 기술을 새로운 시각으로 돌아볼 수 있는 기회도 별로 없었다. 그저 고객들에게 기술을 소개하는 역할에 그쳤다. 결국 건설적이고 실리적인 피드백은 없었고 회사의 개발 방향도 큰 혁신이 없이 매년 별반 달라지지 않았다. 자동차 회사들의 전기차 프로그램 또한 별반 새로운 게 없었다. 지금 와서 생각해보면, 산업에 종사하는 대부분의 이해관계자들이 'Why'로 질문을 하지 않았었고 결국 전반적으로 배터리 및 전기차 분야는 큰 도약 없이 몇 년간 정체기를 겪었던 게 아닌가 한다.

반면, 실리콘밸리에서 구매 일을 하며 가장 놀랐던 점은 구매 담당자가 서플라이어들보다 그 분야를 더 잘 알고 있다는 것이었다. 이들은 'Why'에 초점을 맞춰 질문하며 다양한 서플라이어들과 논의하면서 산업 자체에 주요 시사점을 파악하고 공부했기 때문이다. 그 과정에서 제품에 대한 지식이 풍부해지고, 나아가 프로그램과 제품 개발의 방향을 선도할 수 있는 경지에까지 이르게 된 것이다. 제품 개발이 실패해도 괜찮은 이유가 여기에 있다.

한번은 차세대 제품을 개발하다가 안전성 검증에 실패해서 결국 프로젝트를 중단시킨 경우가 있었다. 그때 제품의 두께도 조정해보고 원료의 배합도 바꿔보며 여러 디자인 변경을 시도해서 안전성 테스트에 재도전했다. 하지만 어떤 디자인도 통과하지 못했고 당시 대체 프로젝트가 있었기 때문에 해당 프로젝트는 그 단계에서 중단되었다. 담당자였던 엔지니어가 꽤 허탈했을 것 같아서 나는 그를 위로해주려 했다.

"크리스, 너무 실망하지 마. 최선을 다해도 실패하는 일은 있잖아."

"케빈, 고마워. 그동안 구매 쪽에서 내가 수없이 제안한 여러 디자인 요청을 서플라이어와 함께 잘 대응해줬는데…. 근데 이번에 낸 두께 변경 디자인 아이디어 말이야. 마침 다른 프로젝트에서 안 풀리는 디자인 문제가 있거든? 이걸 적용해보면 풀릴 거 같은데?"

"아, 그러네. 생각해보니 이 두께의 디자인이 적용될 수 있겠네!"

프로젝트의 실패에서 오는 실망과 허탈감을 달래는 최고의 방법은 위로가 아니었다. 실패에서 얻은 경험과 교훈을 '두 걸음 전진'을 위한 밑거름으로 삼는 이들의 반전은 놀라웠다. 실패를 상처와 좌절로 여기는 분위기에 익숙한 나에게 이러한 성장형 사고방식을 가진 사람들의 태도는 신선한 충격이었다.

'What'에 초점을 맞춘 질문으로 문제에 접근하면 제품과 산업 전반에 대한 배경지식은 넓어질 수 있다. 하지만 해당 제품과 산업의 본질을 이해하는 과정에서 새로운 영감을 떠올리는 등 혁신적인 사고를 할 수는 없다. 누군가로부터 '무엇을 개발해야 하는지'에 관한 답을 얻었다고 해도 그것은 시작일 뿐이다. 막상 개발이 진행되면 제품 변형을 하는 경우가 생기는데 그때는 스스로 답을 찾아야 한다. 또다시 누군가가 정답을 주길 기다려서는 제시간에 프로젝트를 성공적으로 마무리할 수 없다.

실리콘밸리에서는 '시간도 없는데 그냥 가르쳐주세요' 식의 태도는 통하지 않는다. 개개인이 독립적인 사고로 문제를 해결해 나가야만 한다. 그게 가능한 이유는 문제에 대해 '아는 척'을 하는 것이 아니라, 문제의 본질을 제대로 이해하고 있기 때문이라고 생각한다.

아이폰과 테슬라 전기차의 공통점

언젠가 유럽에 갔을 때 박물관 투어를 하면서 흥미로운 경험을 한 적이 있다. 투어 가이드가 사람들이 별로 없는 그림 앞에서 한 가지 재미있는 실험을 제안했다. 투어 그룹 중 네 명을 모아 특정 그림 앞에서 유심히 지켜보게 하면 어떤 상황이 벌어질까 지켜보자는 것이었다. 그런데 채 1분도 안 돼서 그림 앞을 지나가는 사람들이 발걸음을 멈추고 열심히 보고 있는 게 아닌가. 그러다가 20명이 넘게 몰려들었다. 이른바 '대중에 호소하는 오류'(많은 사람이 지지한다는 이유로 어떤 명제를 참이라고 결론짓는 것)가 눈앞에서 펼쳐진 것이다. 일을 할 때도 이런 함정에 자주 빠진다. 여기에서 벗어나기 위해서는 의도적으로 'Why'의 질문을 해야 한다.

실리콘밸리에서 기존에 없는 제품을 출시하고 항상 새로운 아이디어가 나올 수 있는 이유도 'Why'로 질문하기의 힘에 기인한다.

과거 애플이 아이폰 디자인을 구상할 때 개발자들은 이런 질문에서 시작했을 것이다. '기존 휴대폰에는 왜 키보드와 화면이 따로 있을까', '왜 휴대폰은 복잡한 기계처럼 생겼을까?', 이 근본적인 질문이 스마트폰 산업 전반에 놀라운 혁신을 몰고 온 것이다. 반응 속도가 빠른 터치스크린 등 수많은 기술들도 'Why'에서 시작되었다. 이러한 질문 없이 기존의 개발 방식을 답습해 디자인했다면 지금처럼 손가락으로 화면을 터치하며 휴대폰을 사용할 수 없었을지도 모른다.

테슬라가 전기차를 개발할 때도 마찬가지였다. '왜 기존 전기차는 골프 카트처럼 느리고 멋이 없을까?', '전기차인데 왜 기존 내연기관차에서 개발된 부품들이 많이 탑재되어 있을까?', '전기차에 건전지 같은 형태의 배터리를 사용할 수는 없을까?', '왜 차 안에는 이렇게 많은 버튼들이 있을까?' 이러한 질문은 기존의 것들을 버리고 처음부터 다시 필요에 의한 디자인과 개발을 시작할 수 있게 만들었다.

관습과 대세를 따르는 것은 인간 본연의 성향이다. 그러므로 이를 인지하고 의도적으로 바꾸려는 노력을 하지 않으면 결코 새로운 혁신을 기대하기 힘들다. 이를 위해서는 의식적으로 'Why'를 먼저 질문해야 한다. 그래야만 과거에 만들어진 범용화된 방법을 따라하지 않고 새로운 제품과 서비스를 개발할 수 있다.

실리콘밸리에는
깐부도 배신자도 없다

한국 특유의 정서 중 하나가 '정情'이다. 회사에서 일할 때도 동기들 끼리, 혹은 학연·지연으로 얽힌 선후배 사이는 남다른 정이 있다. '도와줘, 잘 좀 부탁해'라는 말들을 참 많이도 하고 자주 듣는다. 그 과정에서 어처구니없는 상황에 얽히기도 하고, 효율성이 없는 일을 관계를 저버리지 않기 위해 하는 척이라도 했다. 그런 일들은 역시 나 애초의 예상대로 뻔한 결과물로 이어졌다.

하지만 실리콘밸리에서는 관계에 호소하는 업무 방식은 일절 끼 어들 틈이 없다. 일을 할 때는 명확하게 정의된 나의 역할을 바탕으 로 최상의 결과물을 내는 데만 집중한다.

"크리스, 새로운 디자인 때문에 제품 가격이 10퍼센트나 올라갈 것 같아요. 기존 가격을 유지하려면 다른 디자인을 생각해봐야 할 것 같은데 가능할까요?"

"케빈, 제품의 성능 향상을 위해서는 제조 프로세스를 추가해야 해요. 생산 목표 달성에 어떤 영향을 줄지 확인해줄 수 있어요?"

동료 간의 정은 쏙 빠진 오로지 정확한 정보를 얻기 위한 질문과 답을 주고받다 보면 가끔은 한국 특유의 정이 그립기도 하다. 하지만 이 과정에서 수백 가지의 아이디어와 무궁무진한 가능성의 조합이 만들어진다는 걸 경험하고 나면 오히려 이런 대화가 훨씬 즐거워진다.

영원한 적도 동지도 없다

동서양의 문화 차이는 비즈니스와 조직에 어떤 영향을 미칠까? 이는 분명 회사 대 회사의 관계, 회사 내 커리어, 회사 내 조직문화 등에 지대한 영향을 미친다.

첫째, 회사 대 회사의 관계를 보면 아시아의 기업들은 그래도 '정문화'가 존재한다. 회사와 회사 간의 관계를 중요시하고 서로에 대해 관심이 많다. 그러다 보면 내 편과 아닌 편을 가르기도 하고 때로는 비즈니스의 목적을 이루기 위해 식사나 접대 자리도 갖곤 한다. 이런 자리가 연결고리를 만드는 효과는 분명히 있다. 아시아의 기업들은 당장 이익 분석이 안 되고 실리가 없더라도 서로의 '깐부'가 되길 원한다. 어려울 때 서로 도와주고 좋은 것은 함께 나누는 우정을 유지하고자 애쓴다.

반면에 서양의 회사들은 우정에 대해 별로 관심이 없다. 비즈니스의 목적이 우선순위에 있을 뿐, 편 가르기에 에너지를 쏟지 않는다. 경쟁 관계에 있는 비즈니스라 할지라도 서로간의 이익이 예상되는 프로젝트가 있으면 파트너가 되어 열심히 협업한다. 미국의 전통 자동차 기업인 GM과 포드도 테슬라의 월등한 슈퍼차저Supercharger (전기충전소) 네트워크를 사용하기 위해 그들의 전기차 충전 규격을 테슬라의 것으로 바꾸겠다고 하며 파트너로서 허리를 굽혔다. 한마디로 '배신자' 혹은 '영원한 적'이라는 개념이 없다. 일상생활에선 서양의 회사들도 비즈니스 관계를 발전시키기 위해 식사와 네트워킹을 한다. 하지만 그 자리에서 아무리 좋은 이야기를 나누었다 해도 다음날엔 철저히 실리적인 의사결정 원칙 모드로 돌아간다. 가령 '그동안의 관계도 있으니 이번에는 속는 셈 치고 도와주자'는 식의 결정이나 거래를 하는 것을 단 한 번도 본 적이 없다.

둘째, 아시아 기업에서는 개개인의 능력보다는 나이와 지위 등 연공서열을 우선시한다. 실제로 한국에서 일하다 보면 팀에 기여도가 높고 비즈니스 성과를 낸 팀원이 있어도, 팀 내에 연차가 높은 다른 팀원이 있다면 평가와 진급에서 밀리는 경우가 많다. 그래서 '내가 먼저 진급해서 미안해'라는 말을 종종 주고받는다. 기업 입장에서는 조직의 화합을 위한 관행이라고 정당화시키겠지만 이러한 일이 반복되면 능력 있는 직원의 의욕은 떨어질 수밖에 없다.

하지만 실리콘밸리에서는 근속연수가 아닌 철저히 실력 위주로 직원들의 성과를 평가한다. 명확하게 정해진 역할을 바탕으로 한 객관적인 결과물이 평가의 척도다. 개개인의 역할이 명확하다고 해서 팀 간의 협업을 소홀히 여기지도 않는다. 오히려 자신의 역할과 업무를 통해 이끌어낸 결과물로 다른 팀의 성공을 돕는 직원들이 결국 성공한다.

셋째, 동서양 회사의 조직문화 차이를 보면 확실히 동양은 경쟁보다는 내부 화합을 중시한다. 회사 내부의 여러 부서가 서로 간 화합을 위해 많은 노력을 한다. '좋은 게 좋은 거지'라는 문화가 보편적이다. 이는 한국 기업들의 지배구조와도 밀접한 연관이 있다. 주요 기업들의 구조를 들여다보면 몇 안 되는 지주회사들 아래로 여러 기업들이 피라미드 형식으로 층층이 존재하는데 그 기업들의 관계는 마치 형제자매와 같다. 일감 몰아주기를 한다거나 대의보다 내부 화합을 중시하면서 서로에게 기회를 준다. 그러면 경쟁을 통한 혁신의 기회는 그만큼 줄어들 수밖에 없다.

때로는 간부 문화가 혁신의 발목을 잡는다

실리콘밸리에서는 문어발식 재벌 기업이 존재하지 않는다. 설사 있더라도 살아남기가 힘들다. 한국의 재벌들처럼 거대 자본을 바탕으로 비즈니스를 하는 것보다는 트렌드에 맞는 새로운 아이디어를 쏟아내면서 빨리 실행에 옮기는 스타트업들이 훨씬 경쟁력 있다. 실리콘밸리에서는 명확한 사명과 뚜렷한 비즈니스 계획을 세워서 색깔이 분명한 제품과 서비스를 개발해야 성공할 수 있다. 따라서 자매회사와 엮어서 비즈니스 플랜을 계획할 이유가 없다.

물론 정을 바탕으로 한 문화와 실리주의는 각각의 장단점이 있다. 관계를 중시하는 비즈니스 문화에서 일하는 직원들은 업무가 다소 편한 측면은 있다. 특히 재벌 기업에서 일하면 새로운 비즈니스 플랜을 짤 때 유관 회사로부터 많은 도움을 얻을 수 있다. 그리고 심적으로 의지할 수 있는 동료와 팀 덕분에 소속감도 생긴다. 반면, 관계 위주로 일을 하다 보면 비즈니스 목적이 흐려지고 시장에서 경쟁력을 잃기 쉽다. 서플라이 체인 관리를 하며 특정 기업들 간의 관계 때문에 비즈니스 기회를 놓친 회사들도 많이 보았다.

일례로 A사는 제품을 만들 때 경쟁력이 떨어지는 자매회사 B의 특정 부품을 수급했다. B의 부품은 가격도 높고 품질도 타 경쟁사 대비 현저히 낮아 제품 경쟁력이 없었다. A사로부터 자본과 기술이 이전될 텐데 도대체 왜 B사의 부품은 왜 그런지 이해하기 어려웠다. 그러다 우연히 B사의 직원과 회의실 밖에서 이야기를 나누던 중 궁금증이 풀렸다. "죽이 되든 밥이 되든 어차피 A사가 우리 물건을 사주잖아요. 허허허." 결국 B사의 제품 경쟁력이 A사의 발목을 잡아 A사는 경쟁사에게 비즈니스 확장의 기회를 내주고 말았다. 과연 이들은 무엇이 문제인지 인식하긴 했을지 지금도 의문이다.

관계 위주로 일하면 비즈니스 기회뿐 아니라 새로운 제품과 서비스의 출시 및 혁신에도 악영향을 받는다. 혁신을 위한 첫 단추는 모든 제약을 풀고 백지 상태에서 아이디어를 도출해내야 하는데 초반부터 이런저런 제약을 걸면 결코 새로운 것이 나올 수 없다. 반면 실리주의로 접근하면 이러한 제약에 얽매일 필요가 없기 때문에 무궁무진한 가능성이 쏟아진다.

물론 그만큼 직원들의 일은 무한대로 늘어나 더 바쁘게 여기저기 뛰어다니므로 육체적·정신적으로 지치기 쉬운 것도 사실이다. 게다가 실리콘밸리 기업에서는 직원 해고가 지극히 일상적인 일이다. 경쟁력이 없어서 비즈니스 목표를 달성하는 데 도움이 되지 않는다고 판단되면 그 즉시 이별을 통보한다. 여기서 오는 문제점도 분명 있다. 하지만 실리주의를 바탕으로 운영되는 실리콘밸리 기업들이 끊임없이 새로운 것을 만들어낼 수 있는 원동력이 이러한 인사제도에 있음은 부인할 수 없다.

데이터는 어떻게
테슬라의 무기가 되는가

테슬라의 자율주행 개발 과정은 100퍼센트 데이터를 바탕으로 의사결정이 내려진다. 테슬라가 목표로 하는 완전자율주행Full Self Driving, FSD을 구현하기 위해서 개발 초기에는 카메라 외에 레이더Radar 등 추가 센서들을 사용해 실시간으로 도로의 정보를 수집했다. 그로부터 몇 년 후, 테슬라는 수백 만 대의 차량들이 도로를 돌아다니며 수집하는 데이터를 바탕으로 전기차 산업 전반의 개발 방향과는 달리 독자적인 완전자율주행의 개발 방향을 정립했다. 그리고 2019년 'AI 데이'에서 일론 머스크는 "라이다는 바보들이나 쓰는 고가의 장비다. 라이다에 의존하는 회사는 망할 것이다."라고 선포했다.

이는 대부분의 자율주행 및 자동차 기업들이 추구했던 방식에서 떠나, 사람이 운전할 때 두 눈에 의존하는 것과 마찬가지로 오직 카메라 정보만을 통해 완전자율주행을 구현하겠다는 것이다. 실제로 수집된 데이터를 비교 분석해본 결과, 다른 센서들의 기능을 끄고 카메라만으로 수집한 데이터로 완전자율주행을 구현하는 것이 더 나은 결과를 낸다는 사실에 근거한 의사결정이었다.

당시 관련 분야 종사자들(특히 센서 개발자 및 회사)은 테슬라의 발표에 놀랐고 성급한 결론이라고 일제히 비난했다. 나 또한 그날의 이벤트를 지켜보며 여러 가지 생각을 했다. 무엇보다 데이터에 근거한 자신감을 바탕으로 내린 결정들이 제품과 비즈니스의 미래를 바꾼다는 사실에 작은 전율을 느꼈고, 한편으로는 그러한 생각과 결정들이 세상을 바꿀 수 있다는 영감을 받았다.

철저히 데이터에 의해 결정하라

테슬라의 의사결정 원칙 중 하나는 '유용한 정보만 사용한다'는 것이다. 유용하지 않은 정보는 혼란만 키우고 실행력을 떨어뜨리기 때문이다. 철저히 데이터에 기반해 내리는 의사결정은 회사 내에서 상당한 추진 동력을 얻는다. 회사의 구성원들은 마치 100미터 달리

기를 하는 선수처럼 새롭게 정의된 목표를 향해 뒤도 안 돌아보고 앞으로 뛰어나간다. 실제로 'AI 데이' 후 테슬라는 모든 자동차에 기본으로 달려 있는 울트라소닉 센서ultrasonic sensor(근접 거리를 위한 센서로 주차 시 편의를 위해 주로 쓰인다)마저 제거하고 차량을 생산하기 시작했다.

새로운 제품과 서비스를 개발하는 것에서 일상적인 업무까지 테슬라의 모든 의사결정은 철저히 데이터에 기반해서 이루어진다. 이는 비단 테슬라만의 원칙이 아니다. 실리콘밸리에서 일하면서 실무자 간의 리뷰든 임원들과의 미팅이든 어떤 종류의 의사결정 자리에서나 데이터 없이 자신의 주장을 펴는 경우를 본 적이 없다.

이를 잘 보여주는 또 다른 사례로 테슬라 차량의 운전석과 조수석에 허리를 받쳐주는 럼버 서포트lumber support라는 기능이 있었다. 그 기능을 구현하기 위해서는 모터와 반도체 칩 등의 부품들이 들어가는데, 팬데믹 기간 동안 공급 이슈로 모든 자동차 회사들이 특히 반도체 칩 수급에 어려움을 겪었다. 그때 테슬라에서는 이 문제를 해결하기 위해 데이터를 활용했다. 그 데이터는 조수석에 앉는 사람들이 좌석의 럼버 서포트 조절 버튼을 이용한 이력에 관한 것으로, 허리 부분까지는 거의 럼버 서포터를 조절하지 않는다는 결과가 나왔다.

데이터는 정확하게 말해주고 있었다. 보통 조수석에 앉는 사람들은 좌석의 위치를 조절할 뿐 럼버 서포트까지 조절하지는 않았다. 회사는 더 이상 우물쭈물 망설일 필요가 없었다. 데이터가 말해주는 메시지를 근거로 과감히 이 기능을 빼버렸다. 테슬라의 이러한 결정이 알려지자 소비자들과 경쟁사들은 비난의 목소리를 내거나 불평을 늘어놓았다. 하지만 실제 사용 빈도수가 떨어진다는 데이터가 공개된 후 며칠 만에 불평은 잠잠해졌다.

정량적 사고를 하는 습관을 길러라

한국 기업들은 대부분 정성적으로 접근한다. 가령 신제품 론칭 회의에서 마케팅 조직이 이런 발언을 했다고 가정해보자. "다른 경쟁회사에서 A기능을 구현한 제품을 출시하는 데 박차를 가하고 있습니다. 우리 회사의 신제품에도 이 기능을 포함해야 합니다. 그렇지 않으면 브랜드 가치가 떨어질 것입니다." 이런 발언은 경쟁 심리를 불어넣어 불안감을 조성한다.

이후 몇 번의 회의를 통해 새로운 기능에 대한 비즈니스 잠재력을 다룬 화려한 프레젠테이션이 열린다. 결국 임원들은 "작년에 신제품을 론칭 때도 마케팅팀이 좋은 인사이트를 주었으니 올해도 마케팅 조직의 제안을 믿어봅시다."라며 회의를 통해 합의한다. 프로젝트 실무자들이 질문을 할 기회도, 추가 논의를 할 자리도 없이 임원들이 결정한 대로 신제품 개발에 바로 착수한다.

하지만 실리콘밸리에서는 어떻게 접근할까? 같은 상황 속에서 실무진과 매니저들은 가장 먼저 숫자를 본다. 새로운 기능 추가에 따라 신제품의 판매 물량을 예측 모델로 분석한 후 영업이익을 계산한다. 이를 진행하지 않았을 경우와 진행했을 때의 기회비용까지 계산하는데, 투자비용이 기회비용보다 낮으면 진행하고 반대의 경우라면 진행을 하지 않는다는 결정을 내린다. 심플하지만 논리적으로 생각해보면 가장 정돈된 의사결정 과정이다.

물론 모든 의사결정에 정량적 방법을 적용할 수는 없다. 하지만 대개는 정성적 방법보다는 더 나은 결과를 가져올 수 있다. '카더라'식의 가정이나 '촉'에 근거한 의사결정이 아니라, 독립적인 문제해석을 바탕으로 추출한 데이터 기반의 의사결정을 중시하는 것은 급변하는 경영 환경 속에서 애플과 테슬라가 혁신을 거듭하는 비결이다. 이들 글로벌 빅테크 기업들이 창출하는 경제 규모가 특정 국가의 전체 GDP보다 더 큰 이유도 여기에 있다.

이들의 성과는 바로 데이터를 읽고 해석할 수 있는 빅데이터·딥러닝·AI 등의 소프트웨어 인력이 많으며 이를 기반으로 성장해온 회사들과 비즈니스 생태계를 이루고 있기 때문이다. 만약 이러한 생태계가 조성되어 있지 않은 환경에서 일할 때는 스스로 정량적인 사고를 하는 연습을 해야 한다. 정성적 사고에 길들여져 있었다면 의도적으로라도 데이터를 찾아서 그것을 근거로 사고하는 습관을 길러야 할 것이다.

보고를 위한 보고는 없다

"여기서 몇 년은 더 다녀야죠."

한국 기업의 임원들이 우스갯소리처럼 자주 하는 말이다. 임원 자리를 빗대어 '임시 직원'이라는 말이 있을 정도로 주기적으로 회사와 고용계약을 갱신해야 하기 때문에 강도 높은 스트레스와 각종 제약 사항에 시달린다. 게다가 지위와 명예에 특별한 자부심을 느끼는 사회 분위기 탓에 임원이 되고 나면 그 자리를 오랫동안 지켜나가고 싶어 한다.

그런데 임원을 중심으로 짜여진 조직은 군대 조직에서나 볼 수 있는 상하 명령 체계에 기반한다. 직원들은 리더의 명령과 지시에 따라 움직이는 보병 같아서 상사가 내려준 어젠다를 실행해내기 위해 열심히 움직인다. 즉 임원들의 의사결정 방향에 따라 직원들의 일과 업무 방식이 달라지고 그 성과는 고스란히 회사의 운명에 반영된다. 물론 리더의 판단력이 옳아서 회사가 장기적으로 승승장구

하는 경우도 있지만, 대개는 숏텀 성과에 급급한 전략에 그칠 가능
성이 높다.

임원은 한 조직에서 치열한 경쟁을 이겨내고 인정받은 사람들이
기 때문에 대부분 비즈니스 인사이트와 문제 해결 및 의사결정 능
력이 출중하다. 다수의 우려 속에도 뚝심 있게 밀어붙인 일이 전
략적 투자가 되어 10년이 지난 후 '신의 한 수'였다는 평가를 받
기도 한다.

반면, 잘못된 결정을 해서 회사의 운명이 바뀌는 경우도 있다.
주된 이유는 숏텀 전략과 조직구조를 고집하는 데 있다. 임원을
'임시 직원'이라고 부르는 이유는 고용이 보장되지 않았다는 의미
도 있지만, 그만큼 임원이 내는 전략의 방향성이 숏텀 중심인 경우
가 많기 때문이다.

드라마 예고편 같은 핵심 프레임워크

실리콘밸리에서 일하면서 다양한 한국 기업들의 제안서를 받아보
았다. 내용을 보면 대개는 임원들의 어젠다에 맞춰서 '내부 보고'를
위해 고민한 흔적은 보이지만, 비즈니스의 관점에서 롱텀 전략을
견지한 제안서는 별로 없었다.

반면, 실리콘밸리 회사의 내부 회의록이나 제안서들을 살펴보면 '무엇을 해결하려고 하는지'를 한눈에 파악할 수 있다. 임원들이 보면 좋아할 만한 스토리나 정해진 어젠다에 맞추어진 내용이 아닌, 팩트와 실행 방안 위주의 제안서가 대부분이다. 사내 제안서의 종류는 엔지니어링 및 오퍼레이션의 문제 해결부터 장기적인 비즈니스 딜의 제안까지 다양한 주제를 다루는데, 핵심 프레임워크는 다음과 같다.

문제 상황 정리 Problem statement with quantifiable impact to company → 근본 원인 파악 Root cause analysis → 취한 조치와 그에 따른 결과를 바탕으로 얻어진 시사점 Actions taken & Takeaways → 다음 단계 Next steps

즉, 어떤 문제가 일어났는지부터 파악한다. 그로 인해 제품과 회사에 주는 영향을 기술하고, 문제에 대한 원인(아직 밝혀지지 않았다면, 어떻게 문제 분석을 하려고 하는지)을 분석해 설명한다. 그다음에는 문제를 해결하기 위해 어떤 솔루션을 고려하고 있으며 여태까지 제시된 아이디어와 실제로 적용된 아이디어가 있다면 그에 대한 효용성을 입증할 수 있는 데이터를 제시한다. 마지막으로는 추후 어느 시점까지 어떤 액션을 취할 것인지에 대한 구체적인 계획을 공유해서 마치 드라마의 예고편을 보여주듯 제안의 방향성에 대해 알린다.

테슬라의 '결국 해내고야 마는' 문제 해결 방법

앞에서 언급했던 상하이 공장의 제조 이슈를 예시로 문제를 해결해야 한다고 해보자. 내가 관리하던 제품이 상하이 기가팩토리에 납품되고 있었는데 어느 순간부터 공장에서 조립이 안 되는 문제가 생기게 되었다. 문제 해결이 단 하루만 늦어져도 그만큼의 비즈니스 손실이 생기는 위급한 상황이다. 서둘러 문제의 본질을 파악해서 제품의 디자인을 변경하든 조립 기계를 바꾸든 해결 방법을 통해 제품이 조립이 되게끔 해야 한다.

당시에 임원들도 이 상황을 엄중하게 생각해서 상황을 면밀히 점검하고 있었고, 업무 담당자들은 매일 15분씩 상황을 업데이트했다. 그 문제는 구매, 엔지니어링을 비롯해서 제품 생산에 관여하는 모든 팀이 함께 풀어가야 할 문제였다. 이런 일이 생기면 회사가 취할 수 있는 문제 해결 방법은 크게 두 가지가 있다.

첫 번째는 어느 부서에서 문제가 생겼는지에 초점을 맞추고 어떤 점이 잘못되었으며, 그 부분에서 무엇을 고쳐야 할지 고민하면서 장기적으로는 해당 부서의 개선점을 논의하는 것이다.

두 번째는 부서가 아니라 문제 자체에 초점을 맞춰 발생 가능한 원인을 여러 부서와 함께 브레인스토밍 하면서 서로 어떤 액션을 취해서 문제를 풀지에 초점을 맞추는 것이다.

물론 회사마다 기업 문화가 다르기 때문에 일반화시키기에는 무리가 있지만, 나의 경험상 한국 기업은 주로 첫 번째 방법을 택하고 실리콘밸리 기업들은 두 번째 방법을 선택한다. 각각 나름의 장단점이 있겠지만 두 번째 방법의 가장 큰 특징은 팀 간 정치를 할 필요가 없다는 점이다. 각 부서마다 고유의 문제 해결 방식이 있기 때문에 서로 듣기 좋은 스토리를 만들 이유가 없고, 문제 해결 그 자체에 집중할 수 있기 때문이다.

다시 품질 이슈 사례로 돌아가보자. 당시 구매 담당자였던 나는 문제 해결 과정과 액션에 집중했다. 가장 먼저 몇 가지 핵심 사안을 정해놓고 이와 관련된 데이터를 주기적으로 업데이트했다. 서플라이어가 어떤 디자인 샘플을 제작하고 있는지, 장비와 원재료 변경에 따른 리드 타임은 어떻게 달라지고 있는지에 대해 살펴보았다. 그리고 새로운 프로세스에 따른 물량 변경과 제품의 가격 구조 변경 등을 업데이트했다.

회사 내 장비 구매 전문 부서도 프로젝트에 합류해서 장비 변경에 따라 제품의 불량률이 어떻게 변할지 그리고 생산 타깃을 맞추는 데에 문제는 없을지에 대한 전문적 견해를 바탕으로 업데이트에 도움을 주었다.

엔지니어링팀은 디자인 변경을 거친 샘플 결과 분석에 주목했다. 디자인 변경으로 인한 제품 성능을 시뮬레이션 하고, 새로운 디자인과 기존 디자인과의 차이점에 대해 정성적·정량적 분석을 했다. 나는 엔지니어들이 업데이트해주는 데이터를 보면서 그들이 새로운 발견에 매우 흥미를 갖고 있으며 문제 해결 과정에서 큰 성취감을 느끼고 있다는 것을 알게 되었다. 그들은 몇 가지 샘플들의 주요 변경 내역과 테스트 플랜에 대해 공유하면서 경험과 연륜이 있는 매니저에게 피드백을 구했다.

생산팀은 변경된 제품의 샘플들을 실제 대량생산 라인에 투입해서 조립성에 대한 결과를 업데이트했다. 제조업의 특성상, 제품 설계 당시에는 생각지도 못한 여러 가지 문제가 대량생산 과정에서 많이 발생한다. 그래서 생산팀은 샘플별로 다양한 원인과 그로 인한 결과를 구조화해서 정리하는 작업을 했다. 이 피드백을 근거로 엔지니어링 및 구매팀은 다음 샘플에 대한 설계 방향 및 대량생산 계획을 수정해나갔다. 결국 부서마다 업데이트 내역과 전문 분야는 달랐지만 달성하고자 하는 것은 단 한 가지, '품질 문제를 해결해서 회사의 생산 목표치를 달성하는 것'이었다.

문제 발생 후 해결까지 총 2개월 동안, 나는 정신적·체력적으로 너무나 힘들었다. 하지만 그때만큼 집중해서 일을 한 적도 없다. 원인을 찾아 끝없이 스스로에게 질문을 해야 하는 자신과의 싸움이었고, 말 그대로 팀워크가 무엇인지 실감하는 순간이었다. 회사의 모든 구성원들이 문제 해결에만 집중해 있었고 실시간으로 도움을 주고받았다. 아시아 측 글로벌팀과의 시차까지 고려해 미국 시간으로 매일 밤 9시에 보고를 하는 등 각 부서의 프로 의식과 '결국 해내고 마는 정신'에 감탄했다.

그런데 만약 문제 해결의 초점이 '어느 부서에서 원인이 생겼나'에 맞춰졌다고 해보자. 매일 밤 9시의 업데이트는 여러 부서로부터 문책을 당해서 때론 자존심이 상하거나, 누군가는 임원에게 그 잘못을 실토해야 하는 매우 떨리는 자리일 것이다. 우리 부서의 책임이 아니라는 것을 증명하기 위해 각종 은폐가 이루어질 수 있고, 전체의 맥락보다는 각 팀에게 유리한 부분을 교묘하게 포장해 손가락질에서 벗어나는 데 몰두할 것이다. 더 나아가 편 가르기처럼 부서 간에 선 긋기를 해가며 경계에 있는 문제들은 다른 부서의 책임 및 업무로 돌리려고 할 것이다. 결국 임원 혹은 의사결정자들은 문제 해결의 인사이트를 제시하기 힘들어질 것이고, 매일 밤 9시의 보고 자리는 문제 해결이 아닌 '남탓'만 하다 끝날 확률이 높다.

상급자를 위해 일하지 않는다

나는 애플과 테슬라에서 일하면서 상급자에게 듣기 좋은 소식만을 전하거나, 데이터 없이 설명식 보고를 하는 직원들을 본 적이 없다. 만일 이런 직원이 있다면 그는 흰 종이의 검은 점과 같이 매우 이질적인 존재가 될 것이다. 왜 그럴까? 이유는 한 가지다. 실리콘밸리에서는 핵심 정보와 주장들이 임원으로부터 나오는 게 아니라 각 분야의 전문가들로부터 나오기 때문이다. 윗사람 혹은 임원들은 그들만의 숏텀 어젠다를 세울 수가 없고, 회사의 의사결정은 해당 분야 전문가와 팀 간의 합의를 바탕으로 이루어진다. 따라서 상급자들을 위해 일하는 직원은 없다.

일례로 이슈 해결뿐만 아니라 프로젝트 진행 때도, 담당자의 이름이 내부 자료에 거론될 정도로 직원들의 전문성을 존중하고 그들에게 해당 업무의 권한이 주어진다. 프로젝트는 톱다운이 아닌, 숫자와 데이터를 바탕으로 진행된다. 매니지먼트는 해당 직원을 리뷰하고 타당성에 대한 가이드를 주지만 섣불리 방향을 세우거나 결론을 내리지 않으며 그들의 주장을 정당화하기 위한 데이터와 스토리도 만들지 않는다.

가장 중요한 점은 모두가 스스로를 회사의 주인으로 인식하고 있다는 것이다. 업무 방식뿐 아니라 사무실 공간의 설계를 봐도 이러한 철학을 느낄 수 있다. 대부분의 실리콘밸리 회사들은 임원 방을 따로 두지 않고 모든 직원들이 같은 눈높이에서 일하는 오픈 데스크를 사용한다. 모두가 동등하다는 정신이 담긴 공간 설계다. 또 임원들은 단순히 의사결정만 내리는 사람이 아니라, 회사의 일원으로서 실제 제품 설계나 코딩을 하기도 한다. 공장 안의 생산 현장에서 문제를 해결하기 위해 뛰어다니는 임원들의 모습도 전혀 낯설지 않다.

한국식 임원 생활에 익숙한 사람이 실리콘밸리에서 일하면 어떨까? 아마 그들은 부서의 고유한 어젠다를 만들고 부하 직원들이 이를 달성하기 위해 어떠한 일을 해야 하는지 명령하려 들 것이다. 그 덕분에 해야 할 일이 많아진 조직은 매우 바쁘게 돌아가겠지만, 그들이 회사 전체의 목표를 달성하기 위해 함께 고민하고 직원들의 동반자가 되어줄 수 있을지는 의문이다.

일과 경쟁에 관한
새 관점이 열리다

2015년 미국 생활을 시작해서 실리콘밸리에 정착하기까지 너무나 큰 문화적 차이와 가치관의 혼란을 겪었다. 회사에 출근한 첫날, 사무실 문을 열고 들어서는 순간부터 모든 게 달랐다. 내 상상 속 실리콘밸리 회사의 근무 풍경은 백인과 소수의 흑인들이 사무실 책상에 걸터앉아 커피를 마시며 농담을 하고 웃으며 회의할 것만 같았다. 하지만 실제로는 아시아인의 비중이 생각보다 꽤 높았고, 책상에 걸터앉기는커녕 책상도 벤치도 아닌 곳에서 일하거나 아예 서서 일하는 사람도 많았다.

모두 정해진 자리에서 같은 규격의 책상에 앉아 일하는 한국의 기업문화에 익숙한 내게는 모든 상황이 낯설었다. 이들을 '직원'이라고 부르는 것조차 어색할 정도로 개개인의 특징과 전문성이 명확해서 고유의 이름을 부르는 게 더 자연스러웠다. 실리콘밸리에서의 다양성이란 단순히 인종적인 다양함에서 벗어난다. 물론 인종 간의 사고방식과 문화의 차이에서 오는 특유의 충돌과 시너지가 있지만, 본질적으로 인종 차이를 넘어 더 다채로운 의미가 내포되어 있다.

실리콘밸리에 남다른 개척정신이 흐르는 이유

미국 사회의 가장 큰 특성은 다양성이다. 회사 내에서도 다양한 백그라운드를 가진 사람들이 저마다의 전문성을 갖고 놀라운 결과를 내곤 한다. '과연 이 일을 할 수 있을까?' 하는 의문이 들 정도로 별개의 이력을 가진 인력들이 회사에서 꽤 전략적인 부분에 포진되어 있다.

나와 함께 프로젝트를 수행한 저스틴은 전직 직업군인이었다. 당시 맡고 있는 일과는 거리가 먼 이력이어서 처음에는 선입견을 갖고 있었다. 그런데 막상 일을 해보니 출중한 역량으로 임원들과 함께하는 큰 미팅 때마다 남다른 문제 해결능력을 보여주었다. 몸에 밴 군인 정신과 전투적인 태도를 바탕으로 안 될 것 같은 일도 결국 해내고야 말았다. 미팅을 할 때도 결정 사항이 모호해 보이는 것들은 제안 사항들을 옵션별로 깔끔히 정리해서 임원들의 의견도 해당 옵션별로 이끌어내 일을 수월하게 진행시켰다. 나 또한 애매한 결정 사안들이 있을 때는 저스틴과 함께 문제 해결안을 옵션별로 도출해내 성공적으로 마무리했다.

한국식 교육을 받고 오랫동안 한국 기업에서 일하면서 줄곧 '남들보다 앞서야 한다'는 강박을 갖고 살아온 나로서는 실리콘밸리의 문화가 모든 면에서 새로웠다. 오로지 비교와 경쟁 구도 속에서 누군가를 이겨내야만 했던 나에게는 일종의 문화 충격이었다. 학창시절에는 단 1점을 더 받기 위해 고군분투했고 1등만이 의미 있는 결과였다. 회사생활을 할 때도 별반 다르지 않았다. 정해진 업무 매뉴얼에 집착하며 윗사람이 시켜서 만든 보고서를 발표하고 다른 팀원들보다 인사고과를 잘 받거나 윗사람들에게 칭찬받을 때 직장 생활의 보람을 느꼈다. 하지만 실리콘밸리에서 일하면서 나는 일과 경쟁에 대해 새로운 관점을 갖게 되었다.

이곳의 혁신적인 문화는 이민자들의 나라인 미국의 역사와도 밀접한 영향이 있다. 근대 미국의 문명은 17세기에 작은 배를 타고 대서양을 건너온 영국인들에 의해 시작되었다. 과거 유럽의 특정 국가들도 한국과 같이 한정된 자원으로 급격한 성장을 하는 과정에서 기회를 잡기 위해 치열한 경쟁을 해야만 했다. 이때 유럽인들은 두 가지 갈림길에 섰다. 치열한 경쟁에서 살아남아 물질적 풍요 혹은 개인이 목표한 바를 이룰 것인지, 아니면 아무 연고도 없고 위험이 도사리는 미지의 땅 아메리카로 가서 개척자로 살 것인가의 갈림길이다. 그중 후자를 선택한 사람들이 오늘날의 미국의 문명을 만들었다. 드넓은 땅에서 할 일은 많았다. 농업뿐 아니라 제조업, 서비스업까지 새로운 산업군이 생겨남에 따라 기회는 무한히 늘어만 갔다.

실리콘밸리는 이러한 개척자들 중 서부로의 골드러시까지 감행한 개척자들 중의 개척자들로부터 탄생했다. 실리콘밸리가 날마다 새로운 아이디어와 제품이 탄생하는 첨단 산업의 최대 격전지가 된 것은 결코 우연이 아니다.

집단사고의 오류에서 벗어나는 법

테슬라에서 구매 담당자로 일할 때는 프로젝트 매니저로서 역할을 하면서 엔지니어링팀, 재무팀, 품질팀 등 수많은 부서들과 협업을 했다. 이들은 팀별로 전문성과 달성하고자 하는 목표는 다르지만 결국 회사의 미션을 위해 일한다는 공통점이 있다. 새로 개발된 배터리 제품을 신규 차량 플랫폼에 적용할 때도 모든 팀이 테슬라의 미션(세계가 더 빨리 친환경 에너지의 시대로 넘어가는 것을 가속화하기)을 실현할 수 있는 방법에 대해 고민한다.

구매 담당자는 서플라이어로부터 새롭게 개발된 배터리를 가장 싼 가격에 확보해서 회사의 차량 생산 목표치 달성을 이끌어내야 한다. 엔지니어링팀은 새로운 개발 제품이 수명, 용량, 급속 충전, 출력 등 회사 제품 사양에 맞게 설계될 수 있도록 디자인 및 검증을 주도해야 한다. 재무팀은 이 제품의 가격이 회사의 성장 및 현금 흐름을 고려한 목표치에 있는지 수시로 피드백을 해주어야 한다. 품질팀은 새로운 제품이 고객 경험을 향상시키고 테슬라에 대한 선호도를 높이는 데 기여할 수 있도록 화재 등 민감한 이슈들의 발생 가능성을 엔지니어링팀에 피드백 해야 한다.

물론 팀들 간의 갈등도 있다. 목표가 상충되는 부분이 있기 때문에 서로 논쟁을 하는 경우도 많다. 하지만 실리콘밸리의 조직문화는 모든 부서가 의견을 내고 서로 의미 있는 대화를 하는 데 거리낌이 없다. 부서끼리 경쟁을 위한 경쟁을 하지 않으며, 구성원들도 각자 해결해야 할 문제가 별도로 있기 때문에 자신의 미션에만 집중한다.

MBA 정치학 수업 때 '집단사고'groupthink 에 대해 배운 적이 있다. 특정 사안에 대해 같은 집단에 속한 사람들끼리 논의하며 갈등을 최소화하는 것을 의미하는데, 이 경우 대화의 주도권을 쥐고 있는 사람에 따라 의견의 방향이 몰리거나 창의적인 발상보다는 기존 통념을 답습할 확률이 크다. 하지만 다양한 인종과 백그라운드를 바탕으로 조직된 회사들은 집단사고의 함정에서 빠져나가기가 상대적으로 쉽다. 그래서 생각지도 못한 새로운 아이디어를 바탕으로 게임 체인저game changer가 될 제품과 서비스를 개발해내고 있는 것이다. 더불어 비즈니스상 여러 가지 문제가 생겨도 개개인들이 다양한 시각으로 문제에 접근하기 때문에 빠른 시간에 해결해낼 수 있다.

반면, 한국에서는 치열한 학업 경쟁에서 이긴 결과로 대기업에 입사하는 경우가 대부분이다. 과연 그 기업의 미션을 보고 지원하는 이들이 얼마나 있을까. 하루하루 일을 하면서도 회사의 미션을 위해 달린다기보다는 팀 간의 논쟁과 정치적 상황을 해결하기 위해 에너지를 쓰는 경우가 많다.

실리콘밸리에 있으면 한국 사회와 기업의 구조적인 문제에 대해 생각하게 된다. 이제 한국 기업은 산업의 추격자가 아닌 선도자로 나아가야 할 때다. 그러므로 더 늦기 전에 주도적인 리더십을 가진 기업과 학계의 리더가 주축이 되어 교육 방식과 채용을 비롯한 기업 문화를 전면적으로 바꾸는 노력을 해나갔으면 한다. 나 한 사람의 성급한 판단일 수도 있지만, 지금 변하지 않으면 한국의 경제는 제조업 기반의 산업에서 크게 벗어날 수 없을 것 같기 때문이다.

한국 기업에는 실리콘밸리가 갖고 있는 풍부한 자원, 꾸준한 이민자들의 유입, 다양한 생각과 문화, 세계적 수준의 보상 체계는 없다. 하지만 실리콘밸리의 우수 사례를 도입해서 한국 실정에 맞게 활용하는 응용력을 발휘한다면 한국판 혁신 기업이 나올 환경을 충분히 만들 수 있다고 믿는다.

이보다 더 쿨한
만남과 헤어짐은 없다

한국에 출장 와서 담당자들과 이야기를 나누다 보면 "우리 팀은 MBA 출신 직원을 데리고 있습니다."라는 식의 말을 종종 듣는다. 그때마다 직원이 회사에 종속되어 있다는 느낌을 받곤 했다. 무엇보다 의아스러운 것은 회사의 미션과 비즈니스 모델이 아닌 직원과 임원의 이력을 화두로 삼는 경우가 많다.

회사의 성장은 특정 직원의 역량에 따라 좌우될까 아니면 회사의 비즈니스 모델과 조직문화에 따라 좌우될까? 물론 두 가지 모두 회사의 성장에 있어 중요한 생산 요소다. 그런데 한국은 유난히 전자를 중시하는 경향이 있다. 특정 회사에서 중요한 역할을 담당한 인재를 영입해서 그의 경험을 바탕으로 비즈니스를 크게 도약시킬 수 있다고 믿는다. 그에 반해 실리콘밸리의 기업들은 비즈니스를 시작할 때부터 명확하게 회사의 미션을 세우고, 그것을 달성하는 데 개개인이 어떤 역할을 할지 설정한다. 필요에 의한 고용을 철저하게 고수하고 있는 이유도 여기에 있다.

세상에 영원한 관계는 없다

실리콘밸리의 기업을 이해하기 위해서는 개인과 회사의 관계부터 파악해야 한다. 이 둘의 관계는 '갑과 을'이 아니다. 나는 회사와의 약속을 바탕으로 명확히 정의된 업무를 수행해 결과물을 내고, 그 대가로 회사는 나에게 급여 및 경험과 커리어를 발전시킬 수 있는 환경을 제공하는 관계다. 다시 말해 소유의 관계가 아닌 것이다. 개인은 회사에서 일을 하면서 배우고 성장하길 원하고, 회사는 개인에게 특정 비즈니스의 목표를 부여해 성과를 내주길 기대할 뿐이다.

이들이 말하는 평등한 관계란 '세상에 영원한 건 없다'는 사실을 함축하고 있다. 입사가 확정된 직원에게 주는 잡 오퍼 레터job offer letter 에는 "당신의 고용은 기간이 정해지지 않은 자유로운 고용 관계다."라는 문장이 있다. 그리고 "당신은 이유를 막론하고, 공지 여부와 상관없이 언제든지 회사를 떠날 수 있다. (중략) 회사도 직원과의 관계를 언제라도 조건과 공지 없이 끝낼 수 있다."라는 부분도 있다. 직원은 불시에 회사로부터 퇴사 권고를 받을 수 있고, 회사도 마찬가지로 갑자기 직원으로부터 퇴사 통보를 받을 수 있다는 의미다. 한국에서 나고 자란 나로서는 실리콘밸리의 잡 오퍼 레터 속 문구들은 쿨하다 못해 냉정하다는 느낌을 받았다. 하지만 실제로 회사에서 생활하며 이들의 문화를 겪다 보면 딱히 놀랄 만한 것도 아니었다.

이곳 회사들은 대부분 영화 〈헝거 게임〉처럼 정식으로 업무를 시작하자마자 인정사정없는, 그야말로 피 튀기는 경쟁이 시작된다. 이러한 환경 속에서 살아남기 위해서는 자신만의 경쟁력을 키울 수밖에 없다. 철저한 상호계약 관계이기 때문에 절대로 직원과 회사는 서로에게 자신의 미래를 걸지 않는다. 이러한 평등 관계는 서로에게 긴장감을 조성한다. 긴장감은 어떤 사람에게는 스트레스로 작용할 수도 있지만, 반대로 초심으로 돌아가는 기회로 삼아 경쟁력을 최대치로 끌어내는 사람도 있다.

한국의 공기업 조직처럼 미국에서도 일부 국가 기관은 느리고 보수적이라는 이미지를 갖고 있다. 이런 환경에서 일하는 사람은 고용은 보장받겠지만 〈헝거 게임〉처럼 절체절명의 상황에 노출되면 고전을 면치 못할 것이다. 반면에 실리콘밸리의 회사는 직원에

222

게 고용을 보장하거나 안정감을 주지는 않지만, 자기 분야에서 최고의 전사가 될 수 있는 환경을 제공한다.

실리콘밸리의 가장 큰 장점은 전 세계에서 모여든 최고의 인재들과 함께 일할 수 있다는 것이다. 다양한 백그라운드를 가진 다민족 출신의 동료들과 하루하루 업무를 하다 보면 자연스럽게 글로벌 마인드와 순도 높은 경쟁력이 길러진다. 무엇보다 개개인의 성과를 제대로 보상해주는 획기적인 프로모션 및 보수는 무한한 동기를 부여한다.

실리콘밸리판 '헝거 게임'은 비극 없는 팀플

실리콘밸리에서 '사람'은 중요한 기업의 성장 요소다. 일을 하고 싶어서 매일 아침 출근이 기다려지는, 애초에 가장 회사의 미션에 부합하는 직원들을 선발하기 때문에 직원들 간의 건설적인 업무 문화가 형성될 수밖에 없다. 하지만 일을 하다 보면 생각이 달라지거나 다른 목적이 생길 수 있는 것이고, 그때는 쿨하게 서로 헤어지면 된다고 여긴다.

한국 기업에서는 업무 동기가 바닥나 한숨 쉬는 직원들을 다른 부서에 재배치하는 등 붙잡는 경우가 많다. 하지만 이는 조직에 악

영향을 미치는 도미노 현상을 야기할 수 있다. 일을 할 동력을 잃은 직원들이 하나둘 늘어나면 조직 전체에 먹구름이 퍼져 열심히 하던 직원들의 사기까지 꺾어서 회사 입장에선 독이다.

실리콘밸리에서는 '헝거 게임'이 시작되는 순간, 미션으로 똘똘 뭉친 직원들이 최선을 다해 자신이 맡은 프로젝트의 성과를 낸다. 나의 결과물에 따라 비즈니스가 성공할 수도, 망할 수도 있다는 절박함에 최선을 다하는 것이다. 앞서 언급했던 실리콘밸리의 보상 시스템을 바탕으로 한껏 동기부여가 된 직원들의 성과물은 그렇지 않은 직원들의 성과물보다 열 배 이상의 차이를 낸다.

일례로 한 명의 직원이 낸 어젠다를 달성하기 위해 납품업체 측에서는 10명 이상의 직원이 출장 오는 경우가 있다. 미팅룸에 한 명의 담당자와 다수의 서플라이어 측 직원들이 회의를 하는 풍경은 낯설지가 않다. 물론 진행이 어색하거나 완성도가 떨어지지 않는다. 그만큼 직원 개개인의 경쟁력이 높다는 의미다.

종종 직원들은 자신의 커리어 및 스킬 개발의 목적을 이루었거나, 회사의 문화가 변해서 흥미를 잃게 되거나, 더 좋은 기회가 오면 회사와 작별한다. 보수 또한 '기회'이기 때문에 보통 4년 동안 분할 지급되는 스톡옵션 스케줄에 맞춰 커리어를 전환하기도 한다. 회사 입장에서는 오히려 작별이 고맙다. 더 이상 일할 이유와 동기가 사라진 직원이 스스로 나가주면 서로에게 득이라고 생각한다.

그 직원이 경쟁사로 가거나 새로운 아이디어로 스타트업을 한다고 해서 배신자로 낙인찍지도 않는다. 개개인의 새로운 커리어 시작을 위해 응원해주고, 특히 그 시작이 동종 분야에 긍정적인 영향을 미칠 수 있다면 오히려 축하해준다.

한국에서는 '동종업계 이직 금지'라는 불문율이 있듯이 전반적으로 이직 특히 경쟁사로의 이동을 극히 혐오하는 경우가 많다. 회사와 직원의 관계가 평등하지 않고 소유의 개념에 기반해 있기 때문이다. 하지만 이직하는 직원이 설사 기밀 정보를 빼간다고 한들 회사의 경쟁력은 달라지지 않는다. 경쟁력의 핵심 요소는 정보가 아니라 회사에 일하는 개개인이기 때문이다. 애초에 전문성과 열정을 겸비한 직원들이 모여드는 환경을 제공하느냐의 여부가 회사의 운명을 좌우한다고 해도 과언이 아니다.

자유경쟁 체제에서 긴장감을 바탕으로 회사와 직원이 상호 발전하는 것은 해당 산업뿐 아니라 국가의 경쟁력도 극대화시킨다. 실리콘밸리에서 세계 어느 곳에서도 볼 수 없는 강력한 산업 생태계가 만들어진 이유이기도 하다.

제4장

자율주행

: 테슬라에서 매니저로 일하는 법

실리콘밸리의 탁월한 PM들은 책상에 앉아서
이론적인 이야기만 늘어놓지 않는다.
그들은 실제로 팔을 걷어붙이고 능동적으로
문제를 해결하면서 프로젝트를 이끌어나간다.

디자인이 제품으로
구현되는 과정을 정복하라

"캘리포니아에서 디자인되었고, 중국에서 만들어졌다." Designed in California, Assembled in China.

최신 기술을 활용한 각종 전자제품에는 대개 이런 문구가 표기되어 있다. 나는 이 문구를 볼 때마다 왜 미국, 그것도 실리콘밸리에서 제품이 개발 혹은 디자인되고, 생산은 아시아에서 이루어지는지 궁금했다.

이는 미국의 역사와도 연관이 있다고 생각한다. 앞서 언급했듯이 미국의 역사는 유럽에서 건너온 이주민들의 신대륙 탐험에서 시작되었다. 유럽인들은 더 나은 기회를 찾아서 생존도 보장이 되지 않는 긴 항해를 견디며 미국을 비롯한 세계 곳곳으로 진출했다. 그 과정에서 필요에 의해 철도와 자동차와 같은 이동수단뿐 아니라 전기를 비롯한 각종 에너지 등 현대 기술들이 발전을 거듭했다.

게다가 미국은 1850년대 캘리포니아에서 엄청난 양의 금이 쏟아지자, 동부에서 서부로의 골드러시를 통해 서부 개척 시대가 열렸다. 즉 이미 챌린저challenger의 마인드를 가진 유럽 이민자들 중에서도 더 강한 도전정신을 가진 사람들이 또 한 번 미국의 동쪽 끝에서 서쪽 끝까지 대이동을 하여 불모지를 개척한 것이다. 이들이 결국 실리콘밸리의 선조인 셈이다. 이들의 도전정신이 면면이 이어져 오는 실리콘밸리에서는 컴퓨터를 비롯한 반도체, 인터넷, 휴대폰 등 각종 첨단기술과 제품들이 끊임없이 개발되고 있다. 과거 챌린저의 도전정신이 오늘날의 실리콘밸리의 창조정신으로 이어지고 있는 것이다.

지금의 실리콘밸리를 만든 '빨리 실패하기'

역사상 전 세계에서 가장 개척정신과 도전정신이 뛰어난 사람들이 모여든 곳이 바로 캘리포니아다. 그중에서도 실리콘밸리는 창조의 상징으로서 오랫동안 그 명성이 유지될 것이다.

그렇다면 아시아의 역사는 어떠했나. 중국을 비롯해 한국도 외세의 침입을 필사적으로 막아내며 국토 수호에 모든 에너지를 쏟았다. 그 과정에서 해외 문물을 적극적으로 받아들이는 기회를 갖지 못했을 뿐 아니라, 아시아 밖의 바닷길을 통해 적극적으로 외부 진출도 할 수 없었다. 한정된 영토 안에서 리더들은 유교사상을 수호하며 나라 안 정치와 당파 통일이라는 대의에 매진했다. 결국 유럽의 개척자들이 세계를 열심히 탐험하던 시절에 아시아는 내부의 분열을 잠재우고 서로 경쟁하는 데 에너지를 써왔다. 사회 전반적으로 미래 지향적이거나 세상에 없는 것을 발명하는 창조정신을 발휘할 기회가 없었다.

세계사의 관점에서 제품의 창조 배경을 살펴보면 디자인은 독립적인 사고가 필요하고 생산은 집단적인 사고를 바탕으로 한 강한 실행력이 필요하다. 그래서 독립적인 사고를 할 기회가 많았던 서구 사회에서 유용한 제품들이 많이 개발되었고, 화합을 중시한 아시아 사회에서는 모두가 힘을 합쳐 목표한 바를 이루어내는 제조업이 자연스레 주력 산업으로 정착되어 왔다고 볼 수 있다.

서구 문화의 실패를 두려워하지 않는 도전정신은 전 세계를 돌아다니며 새로운 문물과 삶의 방식을 받아들이고 다양한 아이디어를 도출하는 데 도움을 주었다. 그 여정 중에 만난 역경과 고난은 항해와 비행법 등 생존과 번영을 위한 발명을 가속화시켰다. 배수의 진을 치고 신대륙 탐험을 떠난 개척자들에게 '실패'라는 개념은 남달랐다. 그들은 실패하더라도 돌아갈 곳이 없었다. 그들은 수차례의 실패에도 좌절하지 않았고 실패를 두려워하기보다는 그로부터 배우며 더 새로운 것을 창조하는 삶의 방식에 익숙해지게 되었다. 그것이 오늘날의 실리콘밸리 문화와 DNA로 전해져 내려오고 있는 것이다. 실리콘밸리를 상징하는 정신인 '빨리 실패하기'fail fast도 바로 이런 개척자 정신에서 비롯된 게 아닐까.

반면 수직적이고 위계질서를 중시하는 사회 구조에서는 한정된 기회를 두고 치열하게 경쟁하기 때문에 새로운 아이디어를 발굴하고 실행하기보다는 남을 딛고 위로 올라가는 데 주력하게 된다. 남들보다 더 잘해서 그들을 앞서는 게 중요하기 때문에 집단의 기준을 중시하고 서로 비교하는 문화가 보편화되어 있다. 이러한 문화는 무에서 유를 창조하는 노력보다는 기존의 솔루션을 누가 더 빨리 개선해서 결과물을 내느냐를 중시하게 했다. 즉 정해진 프로세스대로 물건을 만드는 제조업에 강한 경쟁력을 보이게 된 것이다.

제품 개발 시 디자인이 중요한 이유

도전정신이 남다른 사람들이 모인 실리콘밸리에서는 제품 개발이 시작되면, 다양한 아이디어가 반영된 제품이 계획대로 제 기능을 갖출 수 있을지 검증한다. 이를 위해서는 여러 팀들이 서로 톱니바퀴처럼 맞물려 제 역할을 해야 한다. 그래서 실리콘밸리의 제조 회사는 제품의 콘셉트가 반영된 디자인을 구현하기 위해 한 배를 탄 공동 운명체라 할 수 있다. 제품 설계에 초점을 맞추는 제품 엔지니어링, 구현된 제품이 공장에서 생산될 수 있도록 장비를 설계하는 제조 엔지니어링, 생산된 제품의 품질을 관리하는 품질팀 외에도 여러 팀들이 콘셉트부터 양산 단계까지 긴밀하게 협조한다. 이 팀들은 목표 물량과 가격에 맞는 제품이 생산될 수 있도록 프로그램을 관리하는 서플라이 체인을 주축으로 협업한다.

그런데 아무리 좋은 디자인도 구현이 안 되면 포기할 수밖에 없다. 반대로 구현은 쉬우나 소비자의 마음을 사로잡지 못하는 디자인도 있다. 이처럼 좋은 기능을 제조가 가능한 디자인으로 녹여내기란 쉽지 않다. 그래서 후보군에 오른 디자인들은 수많은 개선 과정, 즉 선택이라는 가지치기를 거친다. 가지치기를 할 때는 엔지니어들이 디자인과 기능을 구현하기 위해 그들만의 노하우와 전문성을 100퍼센트 활용한다.

제품의 특성에 따라 화학·기계·산업·전자전기 공학을 전공한 다양한 전문가들이 합류하는데, 이들은 시뮬레이션과 프로토타입을 통해 제품을 설계하는 동시에 테스트를 해서 기능을 검증한다. 서플라이 체인 담당자는 이를 대량생산 해낼 서플라이어를 발굴하고 디자인 및 성능 구현에 따른 제품의 원가와 가격 구조를 파악해 내부 팀들에게 피드백을 주면서 제품 개발이 비즈니스의 목적에 맞게 진행되는지를 관리한다.

배터리 제품 개발을 예로 들어보자. 배터리에 들어가는 주요 부품인 양극재, 음극재, 전해액, 분리막 등을 설계할 때 각 부품마다의 옵션 수가 서너 개라면 그 옵션들끼리의 조합은 200개가 넘는다. 거기서 공학적인 분석을 통해 30개로 줄이고, 서너 차례의 실제 샘플 제작 및 검증 단계를 거치면 후보군이 2~3개로 줄어들게 된다.

물론 비즈니스의 목적에 따라 각 부서별로 제조 기간 혹은 검증 횟수를 조절할 수 있으나, 트렌드에 민감한 제품을 만드는 실리콘 밸리에서는 실제 테스트 대신 모델링을 바탕으로 한 시뮬레이션을 통해 샘플 검증에 걸리는 시간을 단축하여 제품화 속도를 높이기도 한다. 이처럼 새로운 디자인과 기능을 가진 제품이 검증 과정을 통과하면 구매 부서는 서플라이어들에게 투입되는 물질과 장비에 대한 생산 개시 승인을 내리고 그때부터 대량생산이 시작된다. 물론 모든 생산이 성공하는 것은 아니다. 나중에 디자인 결함이 발견되거나, 서플라이 체인의 입장에서 투입되는 물질의 공급에 차질이 생겨서 급히 디자인이나 설계를 변경해야 할 때도 있고, 생산을 중지하거나 심지어는 프로그램을 취소하는 경우도 있다.

반면에 제품의 기능이나 품질에 큰 문제가 없는 경우에는 양산하면서 디자인과 설계를 개선해나가는 경우도 있다. 이는 대개 품질의 수준을 올리거나, 설계 혹은 서플라이 체인의 최적화를 통해 원가 절감과 생산의 속도를 올리기 위함이다. 업계에서는 이를 '지속적인 개선'continuous improvement 이라고 부른다.

이와 같이 여러 검증을 거치면서 최선의 선택지만 남기는 과정은 디자인이 제품화에 얼마나 중요한 역할을 하는지 잘 보여준다. 그 조화를 이끌어내서 제품으로 탄생시키는 것 자체가 예술로서의 디자인에 버금가는 가치가 있다.

구매가 비즈니스의 운명을
좌우하는 이유

테슬라에서 구매 담당자로 일하기 전에는 서플라이 체인의 역할과 공급망의 개념 자체가 아주 생소했다. 한국 기업에서 일할 때도 구매 조직은 단순히 공급업체에 주문을 넣고 물건을 받는 일을 하는 곳이라고만 생각했다. 지금도 사람들에게 나를 '구매자'라고 소개하면 대부분이 어떤 일을 하는지 잘 모른다.

하지만 팬데믹과 러시아-우크라이나 전쟁을 거치면서 서플라이 체인에 대혼란이 오자, 공급이 중차대한 문제이고 다루기 힘든 영역이라는 인식이 확산되었다. 그럼에도 불구하고 여전히 구매에 대한 이해도는 낮아서 구체적으로 어떤 일을 하는지에 대해서는 잘 알려져 있지 않다.

그렇다면 글로벌 서플라이 체인이란 무엇일까? 이는 앞서 언급한 "캘리포니아에서 디자인되고, 중국에서 만들어지다."라는 한 문장으로 설명할 수 있다. 하나의 제품은 개발과 디자인을 하는 지역과 제조를 하는 지역이 각기 다른 경우가 많다. 세계화 시대에 기업들은 상대적으로 저렴한 노동력을 공급받을 수 있는 나라에 공장을 짓기 시작했다. 이때 해당 국가의 인프라, 무역, 문화, 정치, 자본 상황 등 여러 요인을 감안해 제품의 생산 및 공급 계획이 수립된다. 그런데 스마트폰과 자동차 등의 제품에는 수백 개에서 수천 개의 부품이 필요하므로 수학적 조합으로 단순 계산해도 이들을 연결할 '사슬'chain 과 '망'web 의 수는 어마어마하다. 이렇게 제품은 글로벌 서플라이 체인을 바탕으로 상호 유기적인 관계를 맺으면서 만들어진다.

공급은 수많은 변수와의 싸움이다

결국 하나의 제품을 만들기 위해서는 여러 나라와 제조 공장들의 협력이 필요한데 회사 입장에서는 이들을 총괄해서 관리하는 기능이 없다면 중차대한 문제가 발생한다.

첫째는 공급 문제다. 제품뿐 아니라 해당 부품들이 만들어질 때는 그것에 영향을 미치는 변수가 기하급수적으로 증가한다. 팬데믹 때는 항구나 선박 수요가 폭증하면서 유통 합리화 시스템인 물류logistics 문제가 국제적인 이슈가 되었다. 이뿐만 아니라 실제 생산에 영향을 줄 수 있는 변수는 자세히 들여다보면 볼수록 너무나도 다양하다.

예를 들어, 아이스크림을 만드는 공장이 있다고 해보자. 아이스크림 생산과 공급에 영향을 주는 요소가 무엇일까? 우선 제품에 들어가는 원재료들이 부족해서 생산을 못 할 수도 있고, 원재료의 재고가 있다고 해도 변질되거나 유통기한이 지나서 쓰지 못할 수도 있다. 혹은 아이스크림을 제조하는 기계가 고장 나거나 공장에 전기가 들어오지 않아 생산을 할 수 없는 경우도 있다.

노동력은 어떨까? 각 나라마다 노동자들의 집단파업은 끊이지 않고 있다. 모든 것이 준비되어 있다고 하더라도 일할 사람이 없으면 생산할 수가 없다. 만일 공장이 돌아간다고 하더라도 생산량 목표를 맞추기 힘든 경우가 생길 수도 있고, 생산된 제품을 팔 수 없는 경우도 있다. 혹은 창고 시스템에 문제가 생겨 아이스크림이 녹아버릴 수도 있다. 그해 여름 생산량이 애초의 목표에 비해 절반에도 못 미치거나 판매 적기를 놓쳐버리면, 당해에 아이스크림 제조 장비 투자에 들어간 자금을 회수하지 못하는 등 큰 손실을 보게 된다.

이러한 사례는 매우 심플한 시나리오다. 실제로 산업 전반에 걸쳐 생산에 영향을 주는 요소는 상상을 초월할 만큼 다양해서 소비자의 손에 제대로 된 제품이 전달되는 것은 어찌 보면 '기적'에 가깝다고 할 수 있다. 일론 머스크가 예전에 자기 트위터에 "프로토타입은 쉬우나 양산은 어렵다."라고 언급한 것처럼 누구나 아이디어를 바탕으로 소량 제작할 수는 있지만, 비즈니스의 목표 스케일 만큼의 대량생산을 영업마진을 확보하며 이끌어내는 것은 실행력 차원에서 결코 쉽지 않다.

공급망 관리는 제품의 최종 경쟁력을 좌우한다

제품 생산에 있어 공급 다음으로 중요한 요소는 '가격'이다. 이는 경제학적 용어로 '지불할 의향'willingness to pay에 해당한다. 소비자가 해당 제품에 어느 정도의 경제적 가치를 두느냐에 따라 제품의 가격은 달라진다. 이는 수요와 공급에 따라 정해지는데 회사는 비즈니스 목표에 따라 영업마진을 남겨야 한다. 목표한 순이익 달성을 위해 가장 먼저 제품의 원가를 컨트롤해야 한다. 다만 원가에 영향을 주는 요소들은 앞서 설명한 공급 및 생산에 기여하는 요소처럼 종류가 무궁무진하다.

다시 아이스크림 생산 사례로 돌아가보자. 아이스크림 회사가 연간 목표 생산 수량을 바탕으로 주원료인 밀가루의 공급 계획을 세우고, 우크라이나를 비롯한 전 세계 각지의 생산지와 협의를 마쳤다. 그런데 러시아-우크라이나 전쟁 발발 후 우크라이나의 밀가루 공급업체가 하반기부터 공급이 불가능하다고 하고, 다른 지역의 공급업체들도 밀가루를 원료로 쓰는 비즈니스의 수요가 몰려 가격이 폭등하자 공급을 조절하기 시작했다. 게다가 수년간 거래를 해오던 미국의 밀가루 업체도 가격을 올려달라고 한다.

'다른 업체는 가격을 두 배 이상 올려준다', '공장 작업자를 구하기가 어려워 시급을 올려줄 수밖에 없다', '인플레이션으로 밀가루 정제 장비 가격이 올랐다' 등 다양한 이유를 들며 밀가루 공급 가격을 두 배 이상 올려달라고 아우성이다. 이 문제는 밀가루 공급업체에만 국한된 것이 아니다. 설탕과 색소 등을 공급하는 업체들도 가격 협상을 요구하면서 가격 인상을 해주지 않으면 당장 내일부터 공급이 어렵다고 으름장을 놓는다.

이는 상당히 단순화된 스토리인데, 산업 전반에 걸쳐 일어나는 패턴은 비슷하다. 제품에 들어가는 수많은 재료와 공급업체의 종류, 그에 따른 가격 인상 요소는 일반인들이 생각하는 이상으로 다양하다. 업체들의 요구는 저마다의 사정이 있기 때문에 구매자의 입장에서는 최대한 그들의 여건을 고려하고 싶지만, 그랬다가는 원가가 제품의 가격보다 높아질 수도 있다. 적자를 보면서 비즈니스를 유지할 기업은 어디에도 없다. 설사 있다고 하더라도 장기간 버텨낼 기업은 극히 한정적이다.

결국 물량과 가격을 컨트롤할 능력이 없으면 기업은 치명타를 입게 된다. 따라서 이를 컨트롤할 수 있는 조직은 제조업체의 운명을 좌우한다고 볼 수 있다. 애플을 예로 들어보자. CEO 팀 쿡은 구매 조직의 GSM 출신으로 서플라이 체인 관리에 탁월한 역량을 지닌 인물이다. 애플은 잘 짜여진 구매 조직이 비즈니스에 미치는 영향이 얼마나 큰지를 시가총액으로 보여준다. 글로벌 서플라이 체인을 관리해 소비자 트렌드 및 그에 따른 수요에 맞춰 높은 마진을 내며 대량생산을 한다는 것은 경이로울 정도의 실행력과 치밀한 전략이 있어야 가능하다. 결국 애플의 시가총액은 그 공로와 노하우로 구축된 것이다.

반면에 생산을 비롯한 공급과 가격 컨트롤에 실패해 시장 진출에 차질이 생기는 기업들도 많다. 잠시 반짝 떠올랐다가 구설수에 오른 신생 전기차 업체인 니콜라Nikola 나 루시드Lucid, 카누Canoo 가 그와 같은 예다. 이들은 제2의 테슬라를 꿈꾸며 화려하게 등장했지만, 프로토타입을 거쳐 실제 양산으로 가는 과정에서 문제가 생겼거나 자금 부족 등으로 곤혹을 겪으며 성장성에 물음표가 달렸다.

그만큼 GSM의 역할은 기업의 운명을 좌우할 정도로 막중하다.

기획한 제품을 출시하고 판매하기까지 해당 제품의 CEO 역할을 하면서 제품과 부품의 공급 물량, 가격을 컨트롤해 비즈니스의 최종 목적을 달성시키는 회사의 핵심이라 할 수 있다.

그래서 기업들이 구매의 개념을 정확히 이해하고 전문 인력을 키워서 인프라를 구축한다면, B2B Business to Business 위주의 제조업에서 벗어나, 최종 고객이 원하는 제품이나 서비스를 디자인하고 생산하는 글로벌 B2C Business to Consumer 사업을 시작할 수 있다. 물론 서플라이 체인 관리만 잘한다고 해서 가능한 것은 아니지만, 글로벌 비즈니스와 제품이 나올 수 있는 탄탄한 뼈대를 마련해준다.

실리콘밸리의 구매 담당자가 보는
두 가지 숫자

실리콘밸리에서 기획하는 제품들은 여러 가지 신기술이 적용되기 때문에 다양한 테스트와 양산성 검증을 위한 시간이 필요하다. 특히 기존에 사용하지 않은 부품이나 제품이 필요한 상황에서 서플라이어들과 논의할 때는 뜬구름 잡는 이야기가 아닌 데이터를 바탕으로 매우 구체적인 접근을 해야 한다.

아래와 같이 장·단기적 관점으로 구조화해서 논의하면 핵심 쟁점들이 해결될 확률이 높아진다. 실리콘밸리 구매 전문가들은 이를 장기적 관점에서는 '생산능력 계획'capacity planning 이라 부르며, 단기적 관점에서는 '공급 계획'supply planning 이라 부른다.

생산량 예측 시 가장 중요한 요소

제품이 출시되기 전, 기획 단계에서 가장 우선시되는 것은 무엇일까? 장기적인 관점으로 보면 제품에 들어가는 부품의 특성에 따라 다르겠지만 일반적으로는 '해당 부품이 어디서 어떻게 제조되는가'가 가장 중요하다. 공급업체마다 각기 공장이 다르고 때로는 신규 공장을 지을 가능성도 있다. 생산 기지와 공장을 새로 지을 경우에는 해당 지역의 노동력과 각종 인프라가 수요 대비 충분한지 여부와 필요한 자본은 어떻게 조달할 것인지에 대해 서플라이어와 구매자가 상호 협의해야 한다. 서플라이어들과 구체적으로 생산능력 계획을 세운 단계라면, 본격적인 협상을 비롯한 프로젝트의 세부 논의가 시작되었다고 볼 수 있다.

그다음에는 생산 기지에서 장기적으로 공급 물량을 어떻게 관리하고 확보할지에 대한 공급 계획을 세워야 한다. 보통 1년 내의 물량을 목표로 매일의 공장 운영을 어떻게 할 것인지 정한다. 생산능력이 한정된 공장이 조금이라도 더 많은 물량을 확보하려면 운영 방식에 대한 심층적인 논의가 필요한데, 우선 생산능력 대비 할당량을 어떻게 정할지 논의해야 한다.

우리 회사가 그 제품의 단독 구매자가 아니라면 당연히 공급자는 수익성을 고려해 더 높은 가격을 제시하는 고객에게 먼저 납품하길 원할 것이다. 그러므로 구매자는 시장 상황에 따라 최적의 가격, 장기계약, 구매 수량 보증 등의 조건들을 고려한 협상으로 필요한 물량을 사전에 확보해야 한다. 하지만 이론적으로 확보된 물량이 실제 상황에서 그대로 공급되리라는 보장은 없다. 특히 신기술이나 새로운 제조 공법이 도입되는 등 제조가 까다로운 부품이라면 실제 양산에서 생산되는 물량은 예상 물량의 절반에도 못 미칠 수 있다. 따라서 구매자는 공급 계획 내에 여러 가지 가정들을 꼼꼼히 점검해야 한다.

일례로 구매자가 공장의 하루 생산량을 예측해서 필요한 수량이 확보될지 점검한다고 해보자. 공장이 준비되고 운영이 시작되자마자 최대치의 일별 생산량을 이끌어내기는 힘들다. 이론적으로 가능하겠지만 실제 상황에서는 갑자기 장비가 멈추는 문제가 발생해서 이를 해결하기 위해 작업을 중단하는 일이 잦을 것이고, 작업자들의 스킬도 숙련되는 데 일정 시간이 걸릴 것이며, 완제품의 품질이 출하 가능한 수준으로 올라오기까지 다양한 시행착오를 겪는다.

따라서 이전의 유사한 제조 프로세스를 벤치마크로 삼거나 엔지니어링 원칙에 준해서 '프로덕션 램프 커브'production ramp curve(생산량 예측)를 수립해야 한다. 이때 구매자가 서플라이어에게 주로 하는 질문은 다음과 같이 매우 구체적이어야 한다. "PPMpart per minute 대비 실제로 장비가 가동되는 비율이 낮은 것은 무슨 이유인가요?", "완성품의 공급 승인을 결정하는 수율에 영향을 끼치는 요소들은 무엇이고, 일정별로 어떤 방식의 수율 개선책이 수립되어 있나요?" 이처럼 구매자로서 필요한 물량을 확보하기 위해서는 빠진 요소가 없도록 꼼꼼하게 점검해서 목표 생산량 달성을 위협하는 요소는 가능한 빨리 발견해서 개선해야 한다. 물론 이를 잘하기 위해서는 다각도로 사고할 수 있는 능력만큼이나 실제 양산 경험이 중요하다.

가격 협상은 깎는 게 아니라 '최적가'를 찾는 과정

실리콘밸리에서 제품의 가격을 리뷰할 때 사용하는 원가 구조는 제품 제조에 쓰이는 재료 항목인 자재 부분Bill of Materials, BOM 과 인건비·장비요금 등 간접적으로 필요한 요소인 비자재 부분non-BOM 으로 구성되는데 이 두 요소는 모든 부분에서 협상의 여지가 있다.

서플라이 체인 매니저는 공장장 혹은 CEO의 마인드로 제조업체가 원재료를 구입해 제조에 투입할 때는 원재료의 구매 가격이 적정가인지 아닌지 파악할 수 있어야 한다. 또한 그 재료들이 장비에 투입되어 제조될 때 발생하는 비용도 면밀히 분석해서 검토해야 한다. 비자재 부분은 단품 가격 구조에 반영되어 있는 장비, 건물,

인건비, 공장 운영비, 제품 수율, 간접비, 마진 등의 아이템들이 각각 어떤 로직으로 견적이 형성되며, 그것이 적정한지 여부도 판단해야 한다.

이러한 가격 분석과 함께 구매자로서 업체들과 협상을 잘하려면 단순히 가격을 내린다기보다는 '최적의 가격을 찾아나간다'는 마인드를 갖고 전략적인 접근을 해야 한다. 합의점을 찾을 수 없을 경우에는 새로운 대안을 제시하는 등 '바트나'Best Alternative to a Negotiated Agreement, BATNA(협상 중에 사용할 수 있는 가장 좋은 대안)에 기반한 전략적 사고뿐만 아니라, 협상 상대와 주거니 받거니 하며 딜을 해나가는 능력이 필요하다. 이처럼 가격 협상은 예술 행위에 가까울 정도로 복합적인 전략과 창의적 판단이 필요하다.

장기적 생산능력에 대한 계획을 수립할 때 건물을 세우고 장비를 제조하는 데 걸리는 시간은 모두 돈이다. 가령 5년 정도 걸릴 일을 2년 만에 해낸다면 인건비를 포함한 프로젝트의 예산을 절반 이하로 낮출 수 있다. 또한 공장 설계를 효율적으로 하여 프로젝트 초반에 가정했던 것보다 공간 활용률을 두 배 이상 늘릴 수 있다면 관련된 예산도 절반 이하로 떨어지게 된다.

단기적 관점의 공급 계획을 세울 때도 각각의 가정들은 모두 돈이다. 불량률이 10퍼센트였다가 5퍼센트로 줄어들면 폐기처분해야 할 불량품이 절반으로 줄어들기 때문에 그만큼 공급사의 수익이 늘어난다. 구매자가 공급사의 제조 개선을 위해 기여한 점이 있다면 가치를 제공한 부분과 해당 이익을 나누는 협상도 필요하다.

반면, 프로그램과 제품의 성향이 미래 지향적이고 본격적인 물량에 대한 가시화가 어려운 경우도 있다. 이때는 가격 상한선Not to Exceed, NTE을 설정해서 불투명한 프로젝트의 방향성과 영업 손실 가능성에서 오는 공급업체의 불안감을 해소시킬 수 있다. 동시에 구매자 입장에서는 프로젝트 예산을 시나리오에 따라 가시화해서 제품을 기획할 수 있다.

더불어 구매자로서 공급자의 비즈니스를 포괄적으로 이해하려는 자세를 가져야 한다. 예를 들어 공급업체가 회사 내 여러 프로그램에 참여하고 있다면 구매자로서 프로그램별 비즈니스와 가격 구조에 대한 비교 분석이 가능하다. 즉 프로그램별로 원재료와 작업 인력 등 제조 운영상의 공통분모를 추려내어 규모의 경제economics of scale를 바탕으로 효율적인 가격 협상을 이끌어낼 수 있다. 규모의 경제는 투입 규모가 커질수록 장기평균비용이 줄어드는 현상을 말하며, 생산량을 증가시킴에 따라 평균비용이 감소하는 현상을 의미한다.

이처럼 실리콘밸리에서는 가격을 결정할 때도 디자인부터 엔지니어링 전반에 이르기까지 보텀업 방식을 선호한다. 해당 담당자들이 모여서 원재료, 가공비, 간접비용 등 각종 요소를 고려해 체계적으로 제품 가격을 도출한다. 이러한 의사결정 과정 속에서 구매 담당자들은 적정한 가격과 보다 높은 확률의 생산량 예측을 하는 탁월한 능력을 갖게 된다.

그들은 오늘도 전 세계를 다니며 각각의 비즈니스 목적을 달성시키기 위해 어떤 숫자에 집중해야 할지 고민하면서 치열한 협상을 하고 있다.

테슬라는 어떻게
'생산 지옥'에서 부활했을까

"모델 3로 우리는 '생산 지옥'product hell에 깊이 빠졌다."

2016년 일론 머스크가 보급형 전기차 모델 3의 출시 계획 발표한 후, 이틀 만에 예약주문이 25만 대를 돌파하자 업계는 큰 관심을 보였다. 이후 수요를 따라잡기 위해 모델 3의 생산량을 늘리려고 했으나, 생산에 차질이 생겼고 위기를 극복하기 위해 일론 머스크를 비롯한 전 직원이 공장에서 생활하다시피 하면서 고군분투했다.

물량과 가격이 원하는 방향으로 협상되었다고 해도 그것으로 끝난 것이 아니다. 길게는 5년 전부터 논의해오는 프로젝트가 오늘 대량생산에 들어간다고 해도 한숨 돌일 일이 아니라는 말이다. 생산에 들어가는 첫날부터 공장에서는 생각지도 못한 일들이 일어난다. 마치 아기가 세상에 태어나는 것처럼 제품이 출시되기 위해서는 여러 가지 어려움과 도전 과제가 연속적으로 이어진다. 일론 머스크가 대량생산을 위해 생산 현장 바닥에서 쪼그려 자기까지 하면서 공장을 떠나지 못했던 광경을 떠올려보면 얼마나 심각한 상황인지 바로 이해가 될 것이다.

그렇다면 구체적으로 어떤 문제들이 일어나는 걸까? 물질이 이동하는 차원에서 생각해보자. 이는 물질이 생산 현장에 투입되기 전과 투입 후 그리고 본격적인 제조 과정과 제조 후의 이슈들로 정리해볼 수 있다.

생산 지옥에서 살아남기까지의 시행착오들

우선 생산이 시작되기 전 투입물에서부터 문제가 일어날 수 있다. 당신이 식당을 열었고 밥을 짓는다고 생각해보자. 공급업체에 한 달 분량의 쌀을 주문할 때 쌀의 종류에 대해 별도의 협의가 없었다면 어떻게 될까? 만약 식당의 전기밥솥이 한국 쌀로 밥을 짓는 데 최적화되어 있는 상황에서 공급업체가 동남아 쌀을 보내왔다면 당연히 물의 양과 조리시간 및 압력 등의 기본 세팅을 변경해야 한다.

국내산 쌀이라 하더라도 햅쌀이냐, 묵은쌀이냐에 따라 밥물의 양이 달라지고 지역마다 다른 쌀의 특성도 고려해야 한다. 최악의 경우 쌀 포대 속에 벌레가 생겼다면 한 달 분량을 전량 폐기해야 할 수도 있다.

매우 단순한 예시지만 실제로 하이테크 제조에서 일어나는 이슈도 핵심은 마찬가지다. 투입 물질의 종류와 특성이 조금만 달라지더라도 완제품의 퍼포먼스는 판이하게 달라져서 판매가 불가능한 제품이 나오기도 한다. 따라서 구매 조직은 새로운 물질에 대한 데이터와 리스크를 회사 내부 이해 관계자들과 리뷰를 통해 생산과 운영에 문제가 생기지 않도록 적극적으로 관리해야 한다. 당연히 같은 결과를 낼 것이라 확신했던 새로운 원재료가 완제품 상태에서 예상과는 다른 퍼포먼스를 보이는 경우도 많기 때문이다. 그래서 회사 차원에서 기술 분석을 철저히 해야 한다. 이때 회사는 모델링을 통한 분석 예측뿐만 아니라, 실험을 수행하는 팀의 경험치에 근거한 판단도 고려해서 의사결정을 내린다.

엄밀한 리뷰 과정을 통과한 물질들이 공장의 장비에 투입되면 그때부터 제조 활동이 시작된다. 이때부터 '프로덕션 램프' 개념이 적용된다. 이는 생산량 0에서 시작해서 목표 생산량까지 도달하는 데 걸리는 노력과 시간을 의미한다. 앞서 언급한 투입 원재료의 문제로 생산에 차질이 생기는 경우를 제외하고, 적합한 원재료를 투입시켜 양산을 시작해도 프로세스상의 문제와 변경으로 장비 가동을 중단시키는 경우도 많다. 이런 일이 예상보다 잦아지면 공급계획 상의 생산 수량에 도달하지 못해 목표 수량과의 갭은 더 커진다.

생산 중단은 전혀 예상치 못한 변수로 인한 경우도 많다. 부품의 외관이 너무 반짝거리면 카메라로 제품 스캔이 어려워서 제조 프로세스의 추적이 불가능할 수 있다. 또 표면 처리가 거칠어서 다른 부품과 결합 시 마찰로 인해 이물질이 발생하는 경우도 있고, 장비에 연결된 툴의 마모로 부품의 크기가 늘었다 줄었다 해서 조립이 되지 않는 경우도 있다.

서플라이 체인 내 부품의 개수를 조합해보면(특히 자동차에 들어가는 부품 수는 수만 개에 달한다), 무한대의 'NG 케이스'들이 발생한다. 이때는 제조 계획 대비 프로세스를 추가해서 품질을 보완하거나, 불필요한 프로세스를 빼서 문제를 해결하기도 한다. 이러한 생산 이슈가 발생할 때 제조 프로세스를 변경해 문제를 해결하면 그나마 다행이지만, 디자인 변경이 필요한 경우는 생산에 큰 타격을 미친다. 이외에도 생산성에 영향을 미치는 요소는 노동력이다. 하이테크 제조를 포함한 산업 전반에 걸쳐 여전히 작업자의 숙련도는 큰 영향을 미친다.

완제품이 공장에서 출하되어도 여전히 할 일은 많다. 말 그대로 서플라이 체인은 먹이사슬과 같아서 내가 관리하는 부품이 다음 단계에 필요한 부품이 되기 때문에 문제없이 잘 생산된 제품도 다른 공급망의 프로세스와 엮여서 문제가 생기는 경우가 꽤 발생한다. 실제로 내가 진행한 프로젝트들에서도 이 지점에서 최소한 하나 이상의 이슈들이 발생했다. 예를 들어, 나의 서플라이어가 스펙에 맞춰 부품 양산에 성공해 상위 업체에 납품을 했더니 거기서 다른 부품과 함께 조립하는 과정에서 문제가 생기는 식이다. "원인은 모르지만 이 부품만 투입하면 수율이 10퍼센트나 낮아집니다. 다른 업체의 할당을 올려주세요. 그리고 이 업체의 부품은 최소한으로만 쓰고 싶습니다." 공장에서는 이런 컴플레인이 끊이지 않고 들려온다.

최종 제품의 생산 일정이 정해지면, 서플라이 체인에 있는 업체별로 언제까지 각각의 부품들이 양산되어야 하는지 줄줄이 계획이 세워진다. 내가 관리하는 부품을 상위 업체에 납품해야 하는 일정인 것이다. 그 일정상 테스트 결과를 100퍼센트 리뷰하지 못하고 기술적인 위험 평가를 통해 50퍼센트의 정보만으로 양산에 들어가는 경우도 있다.

위험을 감수하고 시작한 대량생산 도중 제품 디자인에 문제가 있다 결론이 나면, 생산 지옥의 열기는 최고조에 이른다. 이 경우에는 더 강한 창의력과 실행력을 발휘하여 문제를 해결해야 한다. 이미 생산한 부품들을 폐기처분해야 할지 논의하고, 장비를 개조해서 쓸 수 있을지 아니면 전혀 쓸 수 없을지도 고려해야 한다. 양산 개시 후 제조 변경이 생기면 프로세스나 투입 물질을 바꾸기도 하는데 그때는 생산능력 증대가 요원해지고 공급 계획도 변경해야 한다. 이렇게 매순간 생산 지옥을 거친 제품이 본격적으로 양산되면 그제야 공급 계획의 예상치와 근접한 생산이 진행되어 대량생산의 안정화가 이루어진다. 이때 비로소 구매 담당 매니저의 업무 중 한 챕터가 마무리된다.

2017년 테슬라의 연간 생산량은 10만 대 규모였지만 2022년에는 137만 대로 크게 성장했다. 생산 지옥에 빠졌던 테슬라가 혁신적인 생산능력을 갖게 된 것은 이러한 시행착오를 거쳐 공정의 최적화, 배터리와 반도체 등 핵심 부품에 대한 컨트롤 및 수직 계열화, 공장의 공간을 최적으로 설계하는 기술 등이 성공적으로 자리 잡았기 때문이다.

'싱글 소스'를 피하라

제품이 대량생산에 성공한 후에는 또 다른 문제들이 기다리고 있다. 안정화된 공급 이면에 폭풍전야와 같은 수많은 방해요소들이 도사리고 있는 것이다. 보통은 외부적인 요인에 의해 발생하는 문제들인데, 성장형 사고방식을 가진 조직에서는 이에 대해서도 내부적으로 개선점을 찾아 끝없이 최적화시켜 나간다.

외부적인 요인은 국제 정세, 경제, 환경 등의 변화에 따른 것이다. 태풍 등의 자연재해는 물론이거니와, 러시아–우크라이나 전쟁 및 미중 간의 갈등을 비롯한 지정학적인 요소들과 국가정책들은 글로벌 서플라이 체인에 직접적인 영향을 미친다. 예를 들어, 제품에 들어가는 정밀 제조 부품이 한국의 특정 업체 한 곳에서 제조된다고 가정해보자. 자연재해에 따라 공장이 침수되어 단시간에 복구가 불가능하다면 그 공장의 생산 복귀 계획에 따라 최종 제품의 생산 계획도 밀리게 된다.

또는 미국 업체가 중국에서 특정 부품을 공급받고 있는 경우, 미국 무역법에 의해 수입과 구매가 금지된다면 단시간에 대체품을 찾기가 어려울 수 있다. 마찬가지로 최종 제품의 생산 계획이 틀어지게 된다. 국가별 대응 정책도 공급에 영향을 주는데, 팬데믹 시기에 생산 기지가 중국에 편중되어 있었다면 코로나 제로 정책에 의해 공장이 셧다운되는 일이 반복되어 공급과 생산 계획에 큰 타격을 받았다.

글로벌 경제와 시장 조건의 변화도 공급에 큰 영향을 미친다. 인플레이션과 원자재 가격의 급등이 대표적인 사례다. 업체들은 생산 및 공장 운영에 직접적인 영향을 받는 전기와 가스 등의 요금이 급상승하면 영업마진이 줄어든다. 특히 인플레이션에 따라 수급하는 원자재들의 가격이 하루아침에 급등해 타격을 받았다. 또한 고객에게 판매하는 가격은 계약 규정상 인상할 수 없고, 그 부품의 대체제가 존재하지 않을 경우 업체들은 발만 동동 구를 뿐 대안이 없다. 반대로 구매처가 공급업체의 가격 인상안을 일부 받아들이는 경우도 있다. 결국 공급자와 구매자 간의 협상도 산업의 상황 변화에 따라 달라진다.

경기 침체나 산업의 기술 변화로 소비자들의 제품에 대한 요구가 변하는 경우도 생긴다. 경기 침체로 수요가 줄어 생산능력 계획 대비 생산량의 수요가 절반 이하로 줄어들면, 업체들의 매출액이 감소할 뿐만 아니라 장비에 대한 투자금을 회수하는 기간은 두 배 이상 늘어난다. 심지어 프로그램이 조기에 종료된다면, 부품 및 장비업체들에게 갚아야 할 빚은 어마어마해진다. 그 외에 의도적으로 수요를 감소시켜야 하는 경우도 있다. 일례로 구매처가 제품의 디스플레이를 LCD에서 OLED로 급격히 전환하는 경우가 있다. 이때 구매 담당자는 업체와 힘들고도 불편한 대화를 진행해야 한다.

이처럼 여러 가지 외부의 영향들로 인해 서플라이 체인에 차질이 생길 때마다 구매자로서 얻는 가장 큰 교훈은 '싱글 소스'single source, 즉 유일한 공급자를 피해야 한다는 것이다. 공급자 입장에서는 기술적인 노하우를 통해 독점적 지위를 유지해 최대의 이익을 내고 싶겠지만, 구매자는 산업 내에서 기업 간 기술 및 가격 경쟁을 유도해 대중들에게 새로운 기술을 접할 기회를 주어야 한다.

　대량생산이 안정화 단계에 접어들어서 외부로부터 위기가 찾아오지 않더라도 실리콘밸리에서는 양산 제품의 지속적인 개선을 위한 여러 가지 프로젝트들이 진행된다. 이 프로젝트들은 외부적인 요인에 유연하게 대처할 수 있도록 내부적으로 끊임없이 서로 돕고 격려하는 분위기에서 진행된다. 그리고 이는 성장형 사고방식과 도전정신의 유무에서 비롯된다.

　실리콘밸리에서 프로젝트를 진행하다가 실수나 실패를 했다고 해서 화를 내거나 남을 질책하는 데 시간과 에너지를 쏟는 직원을 본 적이 없다. 오로지 자기 분야에서 문제를 해결하는 데 전력을 다한다. 이로써 실패는 배움의 기회로 활용되고 그 결과 조직 내 지식 기반 및 경험치는 늘어나게 된다. 결국 실리콘밸리의 회사들은 양산 프로그램의 전 사이클을 관리하는 경험을 한 이후에는 다음 프로젝트에서 같은 실수를 반복하지 않게 된다. 또한 이 경험을 통해 더 혁신적인 차기 제품을 기획하고 출시할 수 있게 되어 초격차를 지닌 강한 글로벌 기업이 되어간다.

테슬라의 프로젝트 매니저들이
살아남는 법

실리콘밸리 기업에서는 구매 조직뿐 아니라 엔지니어링을 비롯한 다양한 영역에 여러 종류의 프로젝트 매니저Project Manager, PM (이하 PM)가 존재한다. 나의 경험상 성공하는 PM은 몇 가지 공통점을 갖고 있다.

우선 자신이 맡은 프로젝트에 남다른 주인의식과 CEO 마인드를 겸비하고 있다. 이러한 애착은 업무의 자세뿐 아니라 조직문화도 바꾼다. 정해진 범위 내에서 자신이 맡은 일만 수동적으로 하지 않고, 능동적으로 할 일을 찾아 협업도 하면서 프로젝트의 완성도를 높이는 데 초점을 맞추기 때문이다.

PM은 다양한 이해관계자의 입장에서 프로젝트를 이해하고 여러 가지 업무를 수행한다. 이와 같은 멀티 플레이어를 일컬어 '여러 개의 모자를 쓰고 있다'wearing many different hats 고 표현하는데, 실리콘밸리에서뿐만 아니라 MBA에서도 흔히 쓰는 말이다. 어떤 기능을 구현하기 위해 정해진 일만 하는 게 아니라 경영자의 마인드로 프로젝트와 비즈니스를 이끈다는 의미다. 이처럼 PM들은 디자이너의 감각으로 제품의 매력도를 평가하고, 투자자의 마인드로 제품의 가격 구조에 이의를 제기하고, 공장장의 시각으로 생산과 운영에 위험 요소가 있는지를 검토한다.

PM은 프로젝트의 CEO다

애플 구매 조직에서 일할 때 엔지니어링팀의 PM들과 일을 많이 했다. 그중 프리야라는 PM이 특히 기억난다. 프리야는 매번 회의에서 날카로운 질문들을 쏟아내며 주도적으로 회의를 이끌어 나갔다. 어느 날 디자인 선정 회의에서 나에게 "제품의 사이즈를 10퍼센트 줄이면, 가격을 10퍼센트 낮출 수 있을까?"라고 물어왔다. 제품의 면적이 줄어들면 그만큼 필요한 원재료의 양이 줄어들 수는 있겠지만, 주요 부품의 숫자가 그만큼 줄어들지는 않는다. 하지만 그 질문은 구매 전략상 새로운 고민거리를 제공해주었고, 나는 제품의 사이즈와 가격의 상관관계에 대해 다시 생각해보았다. 그리고 며칠 뒤 프리아에게 메시지를 보냈다.

"지난번에 네가 질문한 것에 대해 다시 생각해봤어. 원재료를 공급하는 업체들과 논의해보니 10퍼센트 정도 줄일 수 있을 것 같아. 그러면 그 줄어든 면적만큼 구동하기 위한 부품들의 사양도 낮출 수 있지 않을까? 지금의 디자인은 큰 사이즈 때문에 높은 사양의 부품을 써야 했던 것은 아닌가 싶어서."

"오! 너무 좋은 아이디어야. 그 부분은 내가 엔지니어들에게 확인해볼게. 고마워, 케빈."

이처럼 PM의 업무는 프로젝트 관리에 국한되는 것이 아니라, 모든 프로젝트에 참가한 팀들에게 새로운 시사점을 제시하며 프로젝트의 CEO 역할을 한다. 제품 콘셉트 논의부터 대량생산에 들어갈 때까지의 모든 과정에서 배움의 자세로 임하는 PM은 지속적으로 조직 내 커뮤니케이션을 유도하고 영감을 주는 질문을 통해 프로젝트의 완성도를 높인다. 이러한 과정을 통해 모든 이해관계자의 의견을 수렴해 회사에 이익이 되는 제안을 한다.

한국 기업에서는 PM이라는 개념이 없거나 있어도 그 역할이 유명무실한데 반해, 실리콘밸리 기업에서는 PM이 조직문화의 핵심이라 할 수 있다. 한국 기업의 조직구조는 B2B 사업의 경우, 영업팀과 개발팀처럼 주로 전문적인 기능별로 나뉜다. 이렇게 기능별로 프로젝트를 수행하다 보면, 조직 간에 상충하는 어젠다가 생길 시, 사업부 등의 권위자에게 의사결정을 위임하기 마련이다.

가령 개발 부서라면 '업계 최고 성능', '업계 최초' 등을 어젠다로 제품 개발을 완료하고 빠르게 상품을 출시하는 것이 가장 큰 목표다. 그런데 개발 부서의 리더라 해도 내가 이 비즈니스의 CEO라는 의식이 없다면 영업팀과 개발 방향에 대한 의견 충돌이 생길 경우 사장을 비롯한 의사결정권자를 거치지 않고서는 일을 진행할 수가 없다.

하지만 의사결정권자가 정하는 방향에 의존하면 할수록 직원들은 주체적으로 문제를 해결할 수 있는 능력을 키울 기회를 놓치게 된다. 이는 장기적인 관점에서 보면 조직 전반의 큰 손해다. 하루에도 몇 가지의 이슈가 발생하는데 이를 모두 의사결정권자에게 위임한다는 것은 불가능한 일이고, 이런 식의 의사결정 과정으로는 급변하는 경영 환경의 속도를 따라잡을 수가 없을 것이다.

PM은 자신만의 시간관리 비법을 갖고 있다

탁월한 시간관리 능력으로 존경받던 그렉이라는 PM이 있었다. 유난히 미팅이 많았던 그에게 나는 시간관리를 어떻게 하는지 물어봤다. 그때 그렉은 우선 내게 자신의 달력을 보여주었다. 거기엔 미팅을 표시해놓은 빨간 네모들로 가득 차 있었다. 아침 8시부터 저녁 8시까지, 월요일부터 금요일까지 미팅이 빼곡했는데 심지어 미팅 시간이 겹쳐 있기도 했다.

"그렉, 이 많은 미팅을 어떻게 관리해? 숨 돌릴 틈은 낼 수 있는 거야?"

"케빈, 모든 미팅에 참여할 필요는 없어. 중요한 미팅 위주로 참가하면 돼. 여기엔 수많은 팀들이 각자 자신들의 목표를 이루려 하잖아. 최종적으로 프로젝트와 회사에 도움이 되는 게 뭔지 알고 있으면 어떤 미팅이 중요한지 금세 파악이 돼."

나는 내친김에 이메일 관리에 관해서도 물어보았다. 그의 메일함에는 읽지 않은 메일이 많았기 때문이다.

"메일 관리도 마찬가지야. 이 많은 메일을 다 읽으려면 하루도 모자랄 거야. 프로젝트와 회사에 도움이 되는 정보나 요청 위주로 읽어야지. 앞으로 점점 더 정보가 쏟아질 거니까 뭐가 중요한지 잘 판단해봐."

정말 좋은 팁이었다. 그에게 고마움을 전하며 "당신은 마치 파도가 몰아치는 바다를 항해하는 큰 배의 선장 같다."고 했더니, 재밌게도 그렉은 자기가 마침 해군 출신이라며 또 한 번 나를 놀라게 했다.

회사 내부와 외부의 수많은 이해관계자들과 소통하는 PM에게는 매일매일 수많은 정보가 쏟아지기 마련이다. 따라서 존경받는 PM들은 그렉처럼 드넓은 정보의 바다에서 프로젝트를 수행하는 데 도움이 되는 내용과 노이즈를 구분하여 의미 있는 곳에 시간을 쏟는다. 심지어 다른 부서가 주관하는 회사 내부의 미팅도 우선순위에 따라 참석하지 않는 경우도 있다. 일론 머스크도 직원들에게 필요 없는 미팅에는 참석하지 말고, 제품을 디자인하거나 만드는 등 실제 일을 하는 데 더 많은 시간을 쓰라고 조언한다.

PM에게는 워라밸이 필요없다

수많은 정보 속에서 뭐가 중요한지 꿰뚫어볼 수 있는 PM들은 기업의 발전과 비즈니스 전개에도 직접적인 영향을 미친다. 그들은 한정된 시간에 자신이 가지고 있는 에너지와 능력을 100퍼센트 쓸 수 있다. 이들은 혼자서도 10명이 넘는 출장자들과 미팅하면서 효율적인 회의를 진행한다. 마치 다윗과 골리앗의 대결과도 같다. 몸집은 작지만 다윗처럼 총명하게 문제를 풀어나갈 수 있는 PM이 여러 기능 조직으로 구성된 몸집이 거대한 조직과 미팅하는 것을 보면 그렇게 느끼지 않을 수 없다. 이러한 전투를 치르면 치를수록 PM은 더 날렵하고 능력 있는 일당백이 된다.

반면에 한국을 비롯한 아시아 기업의 조직에는 프로젝트에 100퍼센트 에너지를 쏟지 않는 잉여인력이 상대적으로 많아 보인다. 실제로 아시아 기업에서 온 담당자들과 미팅을 하면 3시간 동안 말한마디 없이 앉아만 있다가 자리를 떠난 이들도 많았다. 주인의식을 가진 PM이 제 역할을 할 수 있는 조직문화가 구축되어 있지 않다 보니 개별 기여자들의 결정 능력이 떨어지는 것이다. 개별 기여자들이 톱다운 형식으로 상부에서 시켜서 하는 일을 완수하는 데에만 역량을 쏟는다면 개인도 기업도 발전이 더뎌질 수밖에 없다.

나는 개인적으로 '워라밸'이라는 말을 좋아하지 않는다. 이는 '누가 시켜서 하는 일'을 하는 사람들에게 필요한 라이프스타일이라고 생각한다. 능동적으로 업무를 제어하기 힘들어서 퇴근시간과 주말만을 바라보며 평일을 견디는 수동적인 업무를 할 경우에는 워라밸이 중요하다. 하지만 스스로 찾아서 하는 일이라면 일과 삶의 밸런스를 맞추려는 계획을 세우기보다는 자신만의 효율적인 방법을 자연스럽게 찾아갈 수 있다.

팬데믹이 터지기 전에도 실리콘밸리에 재택근무를 의미하는 'WFH' Work From Home 이라는 개념은 있었다. 처음 이곳에 정착했을 때 팀원들의 일정이 담긴 캘린더에서 적힌 'WFH'를 보고 의아해했는데 얼마 지나지 않아 나 또한 그 문화에 익숙해졌다. 회사는 직원들이 자신의 시간을 효율적으로 활용할 수 있다고 믿고 개인은 장소와 시간에 제약 받지 않고 일을 하면서도 성과를 낼 수 있다는 자신이 있다면, 시간 활용과 업무 방식은 전적으로 개개인의 라이프스타일에 맞춰 계획할 수 있다.

물론 이러한 업무 문화는 개개인이 독립적인 개별 기여자로서 하나의 프로젝트를 완전히 책임질 수 있는 PM으로 일하고 있기 때문에 가능한 것이다.

정답이 없는 문제를 푸는
전략적 사고의 비밀

일론 머스크는 직원을 채용할 때 가장 중요하게 생각하는 요건으로 '문제 해결 능력'을 꼽는다. PM의 대표적인 핵심 역량도 마찬가지다. 엔지니어링, 품질, 구매 등 모든 팀들의 일상적인 업무는 결국 문제 풀이다. 여기서 문제를 푼다는 것은 객관식 답안에서 정답을 찾는 것이 아니다. 정답이 정해져 있지 않은 환경에서 각자 처한 프로젝트 및 비즈니스 상황에 맞게 이슈를 정의하고 최적의 선택을 하며 일을 진행해 나간다는 뜻이다.

정답을 알려주는 이도 없고, 훗날 다른 선택을 하지 않았음을 후회하는 이도 없다. 당시의 인적 자원과 확인된 정보를 통해 내린 최선의 결정이기 때문이다.

문제 해결을 위한 3단계 프레임워크

PM은 문제 해결을 할 때 논리적으로 디자인된 사고의 경로로 문제
를 풀어나가야 한다. 앞에서 언급한 것과 같이, 문제 해결의 프레임
워크는 동일하다.

> 근본 원인 파악 → 취한 조치와 그에 따른 결과를 바탕으로 얻어진 시
> 사점 → 다음 단계

첫 번째는 여러 팀의 인풋을 바탕으로 문제의 원인을 분석해서
정리한다. 예를 들어, 제품의 대량생산 시 불량률이 목표보다 5퍼
센트 높아졌다고 해보자. 이 이슈의 PM인 서플라이 체인 매니저는
엔지니어링 및 품질 부서와 생산 현장에서 프로세스를 하나하나 들
여다보며 원인을 찾는다. 공장에서 장비 간에 제조적인 편차가 있
는지 확인하거나, 설계된 디자인이 대량생산에서 제대로 구현되어
제품화되는지에 관해서도 리뷰한다. 물론 구매자 입장에서 투입하
는 부품의 특성이 서플라이어 및 공급 시기에 따라 달라졌는지도

조사한다.

이러한 스터디를 통해 문제의 원인이 디자인 이슈인지, 제조 이슈인지 혹은 공급원에 따라 편차가 존재하는 서플라이 체인의 이슈인지 파악할 수 있다. 이제부터 PM의 입장에서 어느 곳에 자원과 에너지를 집중해서 문제를 해결할 것인지 윤곽이 잡힌다. 특정 영역에 '더 깊게' 들어가 각 분야의 전문가들이 기술적인 원인을 찾고, 그들의 지식과 경험을 통해 가설을 세운다.

예를 들어 디자인 이슈 때문이었다고 가정해보자. 이때 엑스레이 등 새로운 테스트를 도입해서 제품의 외형 디자인에 따라 내부 부품들 간의 접합이 떨어질 수 있다는 가정을 세울 수 있다. 이때는 '현재 양산 제품의 외형 설계는 내부 부품의 접합력을 떨어뜨릴 수 있고, 대량생산에서 5퍼센트의 물량 손실 및 완제품 원가 상승을 야기한다'라는 한 문장으로 원인이 정리된다.

두 번째는 실제로 문제를 푸는 과정이다. 근본 원인이 명확해지면 액션 수립도 쉬워진다. 앞선 단계의 프레임워크를 적용해보면 디자인 이슈인 경우 엔지니어링 분석을 통해 디자인을 변경하고 문제가 되는 부분을 샘플 단위에서 선별해 테스트를 한다. 제조 이슈인 경우에는 시나리오별로 가설을 세운 후, 제조 프로세스를 세분화해서 '대조실험'control run 을 하면서 변수를 하나씩 변경하며 문제를 풀어본다. 서플라이 체인 이슈의 경우에는 장비·제조방식· 작업자 스킬·원재료 등의 차이들 중 확실한 원인부터 조정해가며 제품의 성능 변화를 지켜본다.

실제로 원인이 디자인 이슈라고 밝혀졌을 경우에는 아래와 같은 조치를 취했다. 우선 부품들의 접합력을 개선시키기 위해 두 가지의 새로운 외형 디자인 설계를 했다. 첫 번째는 접합력은 개선되지만 추가 구조물로 인해 제품 가격이 3퍼센트 늘어나는 디자인이다. 두 번째는 추가 구조물 없이도 접합력이 개선될 것으로 예상되지만, 조립 프로세스의 속도 조정으로 제조 시간이 늘어나 물량이 10퍼센트 줄어드는 디자인이다. 그 외 추가 아이디어들도 있었지만 5퍼센트의 물량 손실 및 완제품 원가 상승보다 더 큰 악영향이 예상되어 후보에서 제외되었다.

두 가지 디자인에 대해 빠르게 프로토타입 샘플을 제작해 보통 2주일이 걸리는 제품 전체의 검증 테스트 중 외형 디자인에 관련된 테스트들만 추려서 3일 만에 끝내보기로 계획을 세웠다. 공급업체에서는 테스트 장비가 부족하다는 이유로 검증 기간을 6일이나 요구했지만, 제품의 양산이 시작된 상황에서 하루에 5퍼센트씩 비즈니스 손실을 내고 있었으므로 한시가 급했다. 따라서 두 가지 디자인을 동시에 테스트 할 수 있는 방법을 강구해야만 했다.

마침 양산이 진행 중인 다른 프로그램에서 쓰이는 여분의 유사한 테스트 장비가 있어 장비의 소프트웨어만 업데이트하여 진행했다. 급하게 소프트웨어 팀에게 도움을 청해서 결국 3일 동안 두 가지 디자인 모두 검증을 완료했다. 검증 결과 새로운 디자인 모두 접합력 이슈를 해결할 수 있었다. 하지만 실제로 샘플을 제조해보니 두 번째 설계 디자인 옵션은 제조 프로세스의 속도 조정이 더 필요해서 물량이 15퍼센트나 줄어들 것으로 파악되었다.

PM은 일련의 과정을 일목요연하게 정리한 후, 마지막 단계에서는 이슈 해결에 대한 제안 및 다음 단계를 제시할 것이다. PM의 경험과 능력에 따라 제안의 방향은 달라질 수 있지만, 결국에는 다양한 포럼 및 리뷰를 통해 조직에서 할 수 있는 최선의 결정으로 수렴된다. 이때는 임원들이 의사결정을 내려 톱다운으로 방향성이 결정되는 보고가 아닌, '리뷰 세션'을 통해 의견이 형성된다. 이는 실리콘밸리 기업들이 지닌 일종의 문화다. 보고서를 만들어서 결재 받는 게 아니라, 개별 기여자들이 자료를 만들어서 의사결정자와 의견을 자유롭게 나누면서 더 나은 방법을 찾아가는 방식이다.

매몰비용의 함정에 빠지지 않는다

새로운 배터리 제품을 디자인한다고 가정해보자. 1년 반 동안 새로운 디자인을 개발하기 위해 인력과 비용이 투입되고 각종 검증까지

거쳤으나, 결론적으로 기존 디자인이 더 낫다는 결론에 도달했다면 한국 기업은 어떤 판단을 내릴까? 아마도 신제품을 쓰는 쪽을 택할 확률이 높다. '지금까지 들인 돈과 시간이 얼마인데'라는 생각에 미래의 이익보다 당장의 손실에 집착하는 경향이 강하기 때문이다.

하지만 테슬라에서는 매몰비용 sunk cost 을 포기하고 기존 제품을 계속 쓸 것이다. 단, 새 제품 개발의 과정을 '실패'로 인식하지 않고 '새로운 데이터가 쌓인 과정'이라고 보는 큰 차이가 있다. 이는 비단 테슬라만의 방식은 아니다. 실리콘밸리 기업에서는 문제를 푸는 과정에서 어제까지 최선을 다해오던 것들도 오늘 뒤집어버리는 경우가 많다. 그만큼 매몰비용의 함정에서 자유로운 편이다.

반면에 아시아 기업들은 어느 정도 일이 진행되면 '이제 와서 포기하기엔 아깝다'라고 생각하는 경향이 있는 듯하다. '네가 죽나 내가 죽나 해보자'라는 말도 있듯, 한번 시작하면 어찌 되든 끝을 보려고 한다. 하지만 실리콘밸리의 문제 해결 스타일은 아무리 에너지와 시간을 많이 쏟았다고 해도 더 나은 대안이 존재하면 새롭게 방향을 전환하여 빠르게 움직이는 성향이 강하다.

재차 언급하지만, 이러한 문제 해결 방식들의 차이는 결국 조직 문화에서 온다고 본다. 한국 등 아시아 기업에서 임원은 의사결정자지만, 실리콘밸리의 임원은 컨설턴트다. 프로젝트의 주인은 각각의 담당자이고 상사는 개별 기여자들의 결정에 피드백을 주는 조언자의 역할을 한다. 그래서 상사에게 '정답'을 요구하기보다는 '동의'를 구하는 방식으로 접근한다.

상사들은 PM의 생각이 자신과 다르더라도 말도 안 되는 아이디어라고 반응하지 않고, 자신들의 경험에 기반한 인사이트로 발상의 전환에 도움을 준다. 실제로 "다른 관점으로 생각해보면 ~하지 않을까Another way to look into this is~"라는 식의 표현을 자주 쓴다. 이 역시 성장형 사고방식에서 비롯되는데 배움과 발전을 유도하고, 문제 해결 시 PM들이 각자의 탁월한 역량을 발휘할 수 있는 기회가 된다.

틀을 깨는 참신한 아이디어는
어디서 오는가

실리콘밸리의 PM들은 각자의 방법으로 창의적이고 참신한 사고를 갖기 위해 노력한다. 그 결과 얻게 된 제품과 비즈니스에 대한 자신만의 인사이트는 각종 문제 해결에 적용되고, 회의 때는 흥미로운 의견으로 구현되어 동료들에게 배움의 기회도 제공한다. 이러한 경험들이 조직에 긍정적인 영향을 미치면서 자신만의 트랙 레코드가 형성되고 결국 고유한 브랜드를 갖게 된다. 이후 자신만의 브랜드로 추종자를 모아 스타트업을 시작한다. 실리콘밸리는 이러한 사람들이 모여 있기 때문에 전 세계 어느 나라에서도 따라오지 못하는 강한 이노베이션의 생태계를 가질 수 있는 것이다.

탁월한 PM들은 저마다 참신한 사고방식을 가지고 있다. 하지만 매일의 문제를 풀어나가기 위해서는 자신만의 경험치에 기반한 방법만으로는 한계가 있다. 따라서 빠르게 변하는 트렌드를 간파할 수 있도록 유연한 사고를 길러야 한다. 이를 위해 세계의 동향은 물론이거니와 경제·정치·사회 이슈에 대한 이해와 자신의 전공 분야에 대한 최신 트렌드 및 비전공 분야에 대해서도 기본적인 배경지식이 필요하다. 하지만 많이 안다고 해서 능사는 아니다. 그보다 중요한 것은 그 속에서 남들이 간파하지 못하는 포인트를 포착해 자신만의 인사이트로 만들어내는 것이다. 그것이 바로 실리콘밸리에서 개인에게 기대하는 참신한 사고이자 혁신의 원동력이다.

새로운 지식을 끊임없이 내 안에 쌓아라

나는 MBA 수료 후 실리콘밸리에 정착하고서부터 지식에 대한 갈증이 더 커졌다. 잠자는 시간을 제외한 나머지 시간은 대부분 새로운 분야에 대해 알아가기 위해 노력하고 쉼 없이 네트워킹을 했다. MBA에서 2년 동안 치열하게 배우고 익힌 것을 업무에 적용해보니 나에게 유입되는 정보보다 '나로부터 나가는 정보'가 더 많아졌다. 이러다가는 곧 한계에 직면할 것 같은 위기감이 들었다. 그래서 정보의 불균형을 해결하기 위한 몇 가지 방법을 찾았다.

우선 나만의 궁금증을 해결하고 지식을 흡수하기 위한 시간이 필요했다. 그동안 일상의 패턴을 돌아보니 집과 회사를 오고가는 출퇴근 시간이 내가 컨트롤 할 수 있는 나만의 시간이었다. 그리고 휴대폰을 사용하면 각종 업무 메시지 때문에 집중할 수가 없으므로 전자제품이 아닌 다른 매체를 이용해서 정보를 습득해야겠다는 생각을 했다. 내가 찾은 답은 바로 종이 신문이었다. 애플에 다닐 때는 통근 버스 안에서 약 1시간 정도 신문을 읽으며 MBA 때 배웠던 것과 실제 회사에서 일어나는 일들을 비교하면서 새로운 지식에 대한 허기를 채웠다. 돌이켜보면 버스에서 바스락거리는 종이 신문을 읽고 있었던 사람은 나 말고는 없었던 것 같다.

테슬라에 근무할 때는 직접 운전을 했기 때문에 주로 팟캐스트를 활용했다. 미국에서는 팟캐스트 플랫폼이 매우 활성화 되어 있어서 여러 가지 주제에 대해 각계각층의 전문가들이 자신만의 콘텐츠로 방송을 한다. 그중에 나는 'HBR 아이디어캐스트'Harvard Business Review IdeaCast를 즐겨 들었다. 그 외에도 MBA에서 다뤘던 산업 전반의 다양한 주제들이 현실 속에 어떻게 반영되고 있는지 살펴보는 '프리코노믹스 라디오'Freakonomics Radio, 실리콘밸리에서 가장 핫한 AI 분야 등 테크놀로지 전문가를 초빙해 인터뷰하는 '렉스 프리드먼 팟캐스트'Lex Fridman Podcast 등을 들었다. 그렇게 출퇴근 시간을 이용해 매일 약 2시간 동안 팟캐스트를 들으면서 배움에 대한 갈증을 풀었고, 다시 내 안으로 새로운 정보와 지식이 쌓이자 자신감도 회복했다.

나만의 '언와인드' 루틴을 찾아라

배움만으로 참신한 사고가 가능한 것은 아니다. 창의적 영감을 떠올리는 데 도움을 주는 정서적인 루틴도 중요하다. 휴식을 하거나 잠을 자는 등 긴장을 풀 때 뇌에서 뉴런 간의 연결고리가 생기는 것과 마찬가지의 이치다. 하지만 업무에 쫓기다 보면 실제로 이런 시간과 기회를 갖기가 쉽지 않다. 이 역시 남다른 의지가 없으면 실행하기가 어렵다.

실리콘밸리에서는 '언와인드'unwind 라는 말을 자주 쓰는데 이는 '긴장을 푼다'라는 의미다. 많은 실리콘밸리의 기업들이 캠퍼스 내에 직원들이 운동할 수 있는 짐gym 이나 마사지 같은 서비스를 제공하는 것처럼, 업무 외에 몸과 마음의 건강을 챙겨서 창의성을 발휘할 수 있도록 다양한 기회를 제공한다.

내 경우에는 의도적으로 혼자만의 시간을 만들어 나와 대화하는 시간을 가졌다. 그 시간만큼은 전쟁터 같은 회사생활 속에서는 하지 못했던 생각을 하고 계획을 세워볼 수 있어서 좋다. 그런 시간을 마련하기 위한 나만의 루틴도 몇 가지 있다. 첫째, 한 달에 한 번씩은 휴가를 내고 샌프란시스코 주변의 하이킹 코스를 찾았다. 다행스럽게도 실리콘밸리의 날씨는 1년 내내 온화한 편이라서 하이킹을 떠나는 데 제약이 별로 없었다. 업무에서 벗어나 마냥 걷다보면 고민하던 일들이 하나의 고리로 연결되면서 새로운 실마리가 찾아지곤 했다. 무엇보다 드넓은 바다와 푸르른 산을 보며 걷고 있으면 하루하루 치열하게 살면서 속상했던 일과 각종 고민들이 아무것도 아닌 일처럼 느껴져서 마음을 다잡고 멘탈을 관리할 수 있었다. 하이킹은 이렇게 번아웃이 오는 걸 막아주면서 '아하 모멘트'Aha moment 라고 불리는 깨우침의 순간들도 경험하게 해주었다. 이 책을 쓰게 된 결정적인 계기도 샌프란시스코 근교에서 하이킹을 할 때 든 생각에서 비롯됐다.

해외 출장도 나에게는 언와인드의 기회다. 물론 출장길에는 서플라이어와 풀어야 하는 문제가 있다든가, 미팅 준비를 하는 등 부담스러운 업무도 있었지만 그래도 그 기회를 즐겼다. 특히 비행기는 언와인드를 위한 최적의 공간이다. 하늘에 떠 있으면 하루에도 수백 통씩 쏟아지는 메일과 수많은 미팅들로부터 벗어날 수 있기 때문이다. 그곳에서는 나의 독서와 명상을 방해하는 요소가 아무것도 없다.

특히 아시아로 출장을 갈 때는 편도 13시간을 온전히 나만의 것으로 쓸 수 있다. 나에게는 더없이 소중한 시간이다. 평소 읽고 싶었던 책을 마음껏 읽기도 하고 바쁜 일상 탓에 미뤄두었던 미래 계획을 해보기도 한다. 또 그동안 있었던 일들을 정리하거나 때로는 아무것도 하지 않고 명상에 빠지기도 한다. 게다가 아시아에서는 낮과 밤이 바뀐 시차로 인해 다른 세계에서 다른 사고 체계로 일을 하는 느낌이 들어 새로운 인사이트가 생기기도 한다.

나의 마지막 언와인드 루틴은 친구 잭슨과의 여행이다. 예전에 결혼을 앞둔 잭슨을 위한 총각파티로 떠난 국립공원 여행이 지금까지 우리만의 전통처럼 이어진 것인데, 매년 3박 4일의 일정으로 MBA 동기인 잭슨과 떠나는 이 여행에서는 미국의 패권이나 미래 등 다양한 주제로 이야기를 나누곤 한다. 일터에서 벗어나 광활한 자연 속에서 친구와 진솔하게 대화를 나누다 보면 어느새 내 생각이 일목요연하게 정리되고, 친구의 겸손한 피드백을 들으면서 새로운 관점도 가질 수 있다.

특히 잭슨은 내가 몸담고 있는 기술 산업과는 공통분모가 거의 없는 금융업계에서 일하고 있기 때문에 그와의 대화는 늘 신선했다. 우리는 각자의 분야에서 치열하게 살고 있다는 이유로 다른 영역에서는 어떤 일이 벌어지고 있는지 관심을 가질 겨를이 없었다. 하지만 내가 속한 분야에 국한된 정보만 흡수하고 관련 업계 사람들과만 소통하면 집단적 사고의 함정에 빠질 우려가 있다는 것은 너무나 잘 알고 있었다. 그래서 우리에게 국립공원 여행은 각자가 속한 프레임 밖에서 그 안을 들여다볼 수 있는 더없이 소중한 시간이 된다.

실행, 실행,
오직 실행만이 혁신이다

PM에게 가장 중요한 업무 역량 중 하나는 실행력이다. 아무리 기발한 아이디어가 있다고 해도 실제로 구현되지 않으면 아무 소용이 없기 때문이다. 최근 몇 년 사이 팬데믹과 전쟁을 겪으면서 전 세계가 공급망 문제로 위기에 빠지자 엔지니어링과 오퍼레이션 등 각 분야의 PM들에게는 더욱 강한 실행력이 요구되었다.

일례로 전 세계적으로 반도체 수요가 급증해 전자제품을 비롯해 자동차까지 많은 제조 분야에서 칩 공급 부족을 겪었다. 제품 생산에 필요한 반도체가 대부분 수급되었다 해도 특정 칩 하나가 수급되지 않아서 생산이 중단된 경우도 많았다. 2022년 2월, 미국 자동차 회사 포드는 반도체 부족으로 북미 8개 공장에서 생산을 줄이거나 중단하는 초유의 사태를 맞았다. 하루하루 생산량에 회사의 생사가 달린 스타트업 회사들 또한 피해가 막심했다.

하지만 테슬라는 반도체 공급 부족에 따른 여파가 상대적으로 적었다. 그 이유는 칩을 비롯한 전장품 설계를 외주에 맡긴 후 그를 조립할 뿐인 전통 자동차 회사와는 달리 테슬라는 핵심 칩을 직접 설계하고 반도체 회사와의 직접적인 공급망을 구축했기에 가능했다. 따라서 특정 칩의 공급이 부족했을 때 빠르게 디자인을 변경하여 공급의 여유가 있는 다른 칩을 사용해 피해를 줄였다. 이는 곧 발 빠르게 실행할 수 있는 PM들의 역량과 직결되는 부분이다.

'제1원칙 사고'를 하면 머뭇거리지 않는다

수많은 팀과 업체들을 이끌고 다양한 문제들을 해결해가는 PM들의 실행 능력은 타고난 것일까? 아니면 트레이닝을 통해 길러질 수 있는 것일까? 개인적으로는 성장형 사고방식을 갖고 꾸준히 트레이닝하면 충분히 키울 수 있는 능력이라고 생각한다.

첫째, 정보가 완전하지 않다고 해서 우물쭈물 머뭇거리지 말고 일단 주어진 정보만으로 결정을 내리고 일을 진행하는 자세가 필요하다. 물론 모든 프로젝트에 대해 매번 리스크를 떠안고 밀고 나가자는 것은 아니다. 다만 정보가 부족하다는 이유로 머뭇거리며 지체하는 것보다는 바로 실행할 수 있는 방법을 찾는 게 훨씬 더 나은 결과를 가져온다는 의미다. 실제로 실리콘밸리 기업의 채용 요건에도 '일부의 정보를 가지고 의사결정을 할 수 있는 능력'이 빠지지 않고 등장할 정도로, 실행을 하기에 완벽하진 않아도 의사결정의 옵션 및 시나리오별로 사고할 수 있는 능력은 중요하다.

정보의 명확성 여부를 판단하는 것도 프로젝트 당사자인 PM의 몫이다. 프로젝트의 주된 목적과 큰 연관이 없는 이슈들이 주의를 분산시켜서 결정을 내리지 못하게 할 수도 있기 때문에 PM은 늘 문제의 핵심을 파악한 후 정보를 받아들이는 자세가 필요하다. 그래야만 필요한 정보인지, 노이즈인지 빨리 파악해서 실행에 돌입할 수 있다.

PM의 실행력이 왜 중요한지에 관해 나의 사례로 살펴보자. 새로운 부품을 검증하기 위한 테스트 계획을 세울 때의 일이다. 만약 검증이 완료되어 사용이 가능해지면 당장 원가 절감의 효과가 나타나는 경우라서 한시라도 빨리 검증을 완료해야만 했다. 그런데 공급업체가 제시한 테스트 종류는 무려 열 가지가 넘었고 이를 위해 걸리는 시간도 6개월 이상 걸렸다. 아무래도 제품에 대한 법적 책임을 고려해 보수적으로 기존 제품에 적용한 테스트 리스트들을 모두 적용한 듯 보였다.

우선 나는 회사의 엔지니어링팀과 함께 그 리스트들을 리뷰해보았다. 기존 제품 대비 신제품은 어떤 부분이 변경되었고, 그로 인해 디자인과 엔지니어링은 제품 특성에 어떤 영향을 주는지 등 테스트 플랜을 논의했다. 그 결과 업체가 계획한 테스트 리스트 중 절반 이상은 변경된 특성을 검증하는 데 큰 관련이 없다는 결론을 내렸다. 이를 바탕으로 업체가 제시한 테스트 목록에서 우선순위를 정하고, 불필요하다고 결론 내린 테스트들을 빼자 일정을 한 달로 줄일 수 있었다.

업체가 주장한 '완벽한 6개월의 테스트 정보' 없이도 한 달로 간소화한 테스트 데이터를 바탕으로 대량생산에 들어간 것이다. 물론 법적인 책임 소지가 있으니 중요도에서 밀려난 테스트 항목들도 생산과 동시에 테스트를 진행해서 결국 6개월에 걸쳐 전체 테스트가 끝나긴 했다. 하지만 무턱대고 공급업체의 정보만을 믿고 마냥 6개월 동안 기다렸다면 원가 절감의 기회는 사라져버렸을 것이다.

이처럼 PM의 업무 실행력은 회사의 이익에 직접적인 영향을 미치는 핵심 요소다. 이러한 혁신이 쌓이다 보면 회사는 또 다른 성장의 기회들을 잡게 된다. 남들이 안 된다고 하는 것을 되게 하는 PM의 능력은 어쩌면 특별한 것이 아니다. 위의 사례에서 볼 수 있듯이 '제1원칙 사고', 즉 본질에 충실해 문제를 해결하고자 한다면 누구나 가질 수 있는 실행력이다.

일단 소매를 걷어붙이고 소통하라

탁월한 PM들은 책상에 앉아서 이론적인 이야기만 늘어놓지 않는다. 그들은 실제로 팔을 걷어붙이고 능동적으로 문제를 해결하면서 프로젝트를 이끌어나간다. 업무뿐 아니라 생활 전반에서도 그들의 실행력은 남다르다.

서플라이어와의 비즈니스 미팅을 하던 날이었다. 테슬라의 팔로 알토 본사에 서플라이어와 테슬라 측의 고위 임원들이 모여 회의를 했다. 아시아 측 참가자들을 위해 화상회의를 했는데 회의 중간에 미팅룸에서 스피커가 갑자기 작동하지 않아서 아시아 측 참가자들의 목소리가 들리지 않았다. 딱 1시간 동안의 미팅이지만 상당히 중요한 비즈니스 어젠다를 심층적으로 논의해야 했기 때문에 1분 1초가 귀했다.

나와 팀원들은 장치를 고치려고 애쓰면서 다른 미팅룸도 알아보고 있었다. 이때 우리 측 임원이 기기에 다가가더니 바로 커버를 분해해 케이블을 조작했다. 곧바로 아시아 측 참가자들의 목소리가 들리기 시작했다. 서플라이어 측 임원들은 놀라움을 금치 못했다.

우리 측 임원은 아무렇지도 않은 듯 미소만 한 번 짓고는 다시 커버를 조립한 후 자리에 앉았다.

어찌 보면 아주 사소한 일이지만 이는 PM의 능동적인 업무 태도를 단적으로 보여주는 사례다. 만약 이런 일이 아시아의 회사에서 일어났다고 가정해보자. 대처 방법과 결과는 매우 달랐을 것이다. 임원은 그저 언짢은 표정으로 자리에 앉아 누군가 해결해주길 기다리고, 아랫사람은 발을 동동 굴렸을 것이다. 이렇게 우왕좌왕하는 사이에 정해진 회의 시간은 절반이 날아갔을지도 모른다. 당연히 장비 관리하는 팀은 문책을 당했을 것이다.

물론 실리콘밸리에서도 모든 직원들이 처음부터 능동적인 업무 수행 능력을 갖고 있지는 않다. 예를 들어 내가 관리하는 나의 팀 멤버들도 각기 다른 스타일을 갖고 있었다. 이슈가 생기면 업체로부터 상황을 전달받아 그대로 나에게 알려주는 직원이 있는 반면, 먼저 생산라인으로 달려가 상황을 직접 이해하고 여러 가지 질문을 통해 이슈를 면밀히 파악한 후 상황을 알려주는 직원도 있었다. 이렇게 문제에 대한 이해와 접근법은 천지차이였다.

하지만 주어진 정보를 스스로 파악하지 않고 무작정 상사에게 전달하는 경우 상황이 바뀌면 능동적으로 판단할 수가 없다. 시나리오 변경에 따른 예상 결과 도출을 스스로 할 수 없기 때문에 다시 업체에게 의존해야 한다. 이 경우 업체가 틀린 가정을 하더라도 그

것을 검증할 프로세스가 없기 때문에 실수할 가능성이 높다. 그러면 결국 프로젝트의 주도권을 잃고 만다.

이러한 능동적인 태도는 현업에 깊게 관여하고 있는 상사와 임원들로부터도 잘 드러난다. 실제로 소프트웨어 회사에서는 그들이 직접 코딩을 하기도 한다. 이유는 매우 실리적이다. 직접 만들어봐야 문제가 무엇인지 구체적으로 파악할 수 있고 관련 팀들에게 업무를 지시할 때도 의미 있는 조언을 해줄 수 있기 때문이다. 엔지니어라면 제품을 직접 확인해보고, 서플라이 체인 담당이라면 생산이 일어나는 공장에 가보고, 매니저라면 오피스에서 부하직원들과 직접 얼굴을 보며 소통하는 것이 빠른 실행력을 이끌어낸다.

일론 머스크가 재택근무를 철회하고 전 직원에게 오피스로 출근하라고 한 것도 이러한 이유 때문이라고 생각한다. 결국 조직 전반의 실행력을 높이기 위해서는 현실 감각과 이슈에 대한 이해도를 높이는 것이 중요한데 그것은 직접 팔을 걷어붙이고 현장과 소통할 수 있는 자세에서 시작된다.

우선순위에 기반한 강력한 실행 리스트를 작성하라

실행력이 강한 PM들은 프로젝트 진행 시 가장 먼저 우선순위를 정한다. 일단 가장 중요한 실행 리스트를 뽑아내 각 기능별 담당자에게 할당한 후 그들이 추후 대응할 수 있게 한다. 더 나아가 무엇을 기대하는지에 대해서도 구체적으로 정의한다. 그래서 이 실행 리스트가 수립되지 않으면 프로젝트 수행을 위한 회의는 큰 의미가 없다.

미국에 유학 와서 공부하고 실리콘밸리 기업에서 일하면서 놀란 점 중 하나는 군인 출신들이 많다는 것이다. MBA에서 만난 인재와 애플과 테슬라에서 함께 일한 역량 있는 PM들 중에서도 군인 출신이 많았다. 한국에서 나고 자란 나로서는 군대에 대해 선입견이 있었기 때문에 '쟁쟁한 산업 분야에서 일한 경험이 없는 군인들이 무슨 능력으로 이곳에 있는 걸까?' 하는 의구심을 갖기도 했다. 하지만 미국에서 군대는 커리어의 한 종류로 강한 실행력을 배울 수 있는 곳이다.

실제로 GSM으로 근무할 당시 군인 출신 동료와 1년 동안 같이 일할 기회가 있었다. 아무래도 엔지니어링 출신보다는 기술적인 이해도는 떨어졌지만, PM으로서 해야 할 역할은 화려한 백그라운드를 가진 동료들보다 더 잘 해나갔다. 특히 시간에 민감한 이슈들을 관리하거나, 회의에서 합의된 내용과 방향성을 바탕으로 유관부서들이 해야 할 일들을 액션 플랜으로 구체화해서 팀들을 움직이는 능력이 탁월했다.

PM이 유관 부서의 실행을 이끌어내지 못하면 그 프로젝트는 성공할 수 없다. 만약 엔지니어링팀에서 샘플 제작 일정을 지키지 못하면, 다른 팀들도 당장 해야 할 테스트를 일정 내에 하지 않아도 된다는 생각을 한다. 이렇게 되면 이슈 해결의 초점이 흐려지고 팀들의 프로젝트 집중도가 떨어져 실행이 더뎌진다. 그러므로 우선순위에 기반한 실행 리스트를 작성한 후에는 단계별로 강력한 추진력을 통해 유관 부서의 업무 진행을 이끌어내야 한다.

타깃을 정확히 파악하고
스토리텔링으로 설득하라

PM의 중요한 역할 중 한 가지는 정보를 가공해서 가치를 제공하는 것이다. 실력이 없는 PM은 정보를 퍼다 나르는 전달자 역할만 하기 때문에 그 정보에는 별도의 부가가치가 생기지 않는다. 유용한 정보가 아무리 많아도 핵심을 파악하지 못하고, 자신의 프로젝트를 위해 재해석하지 못하면 아무 소용이 없다.

특히 비즈니스의 중추 역할을 하는 서플라이 체인에서 다루고 해석해야 할 정보는 무궁무진하다. 업체들과 나누는 외부 정보는 물론이거니와 회사 내부에서도 의견 조율을 위해 가공해야 할 정보들이 넘쳐난다. PM이 그 역할을 제대로 하지 못하면, 내부적으로 해결 방안에 대한 방향이 서지 않아서 프로젝트의 진행이 지체되기도 한다.

일례로 서플라이 체인에서 가격 절감을 위해 새로운 업체를 소개하면서 제품 테스팅을 하려고 해도 '왜 이 일을 해야 하는지'에 관한 합리적인 정보를 제공하지 못하면 기존 업무로 바쁜 팀들을 설득할 수 없다. 재무팀은 프로젝트 투자금을 아끼기 위해, 엔지니어링팀은 최고의 성능을 가진 제품을 개발하기 위해, 품질팀은 제품에 문제가 없는 프로세스를 검증하기 위해 온 에너지를 쏟고 있다. 이렇게 각 팀들은 저마다의 목표를 달성하기 위해 날마다 쏟아지는 정보 속에서 선택과 집중을 해야 한다. 조직에서는 다양한 이해관계자가 존재하기 때문에 나의 프로젝트가 조직에 어떤 도움이 되는지 설득하지 못하면 프로젝트를 진행할 수 없다. 이를 위해 필요한 역량이 바로 정보 전달을 넘어선 스토리텔링 능력이다.

나에게 절망을 안겨준 프레젠테이션

PM들은 매일 다양한 회의들에서 프레젠테이션을 한다. 나 역시 회사 내·외부의 팀들을 설득하고 액션을 끌어내기 위해 수많은 정보를 가공했고, 셀 수 없을 정도로 많은 프레젠테이션을 했다. 사실

나는 커리어의 시작부터 인정받는 PM은 아니었다. 지금 이 자리에 오기까지 숱한 시행착오를 겪으며 좌충우돌하는 와중에 많은 배움을 얻을 수 있었다. 지금 생각하면 도대체 왜 그랬을까 부끄러울 정도의 일들이 많았다. 그중 한 가지 사례를 소개하고자 한다.

테슬라 입사 후 1년 6개월이 지났을 즈음이었다. 당시 내가 맡은 제품이 대량생산 중이었는데 특정 공급사의 부품을 사용한 제품이 계속 생산라인에서 문제를 일으켰다. 내가 있던 팀을 포함해 거의 모든 팀이 이슈의 원인을 찾기 위해 각종 실험과 분석에 몰두해 있었다. 하지만 몇 주가 지나도록 실마리를 찾을 수 없었다. 그야말로 회사 전체가 이 문제를 해결하기 위해 혈안이 되어 있었다. 당연히 이사들까지 직접 나서서 개별 기여자 역할을 했다. 내가 속한 서플라이 체인의 이사 또한 도움을 주기 위해 나와 직접 커뮤니케이션을 하기 시작했다.

이사가 나에게 직접 미팅을 요청했다. 그 무렵 나는 몇 주 동안 이 일에 시달리면서 수도 없이 많은 업데이트를 해왔기 때문에 더 이상은 관련 자료를 정리할 의욕이 생기지 않았다. 그래서 엔지니어링팀이 발표한 자료들을 모아서 프레젠테이션 파일에 차곡차곡 수집했다. 이사에게 보여주기 위해 각종 그래프와 시뮬레이션 모델들도 모아서 첨부하니 무려 50페이지가 넘는 자료가 만들어졌다.

최근에 직책을 맡게 된 이사와는 첫 대면이었다. 그런데 팬데믹 기간이라 회의는 화상으로 진행되었다. 나는 먼저 엔지니어링팀에서 발표한 자료들을 보여주면서 설명을 시작했다. 이슈의 기술적인 부분을 처음 접하는 이사와 요란한 그래프들 및 직접 실험 데이터를 정리한 엔지니어가 아니고서는 설명하기 어려운 자료들을 들여다보며 미팅의 많은 시간을 보냈다. 회의 시간은 30분으로 한정되어 있었으므로 정작 이슈와 그것의 문제 해결에 관해서는 언급조차 하지 못하고 있던 때였다. "넥스트! 넥스트!" 이사는 참을성을 잃기 시작했고 연신 한숨을 쉬면서 답답함을 표현했다. 회의에 참가한 사람들 모두 엔지니어링 슬라이드를 이해하기 위해 애쓰는 데 시간을 허비하고 결국 아무런 결론도 내지 못했다. 그날 '내 커리어는 여기서 끝났구나' 하는 절망감에 빠졌다. 그 회의 후 이사는 내 매니저에게 전화를 걸어 '케빈에게는 무슨 도움이 필요하냐'고 물어봤다고 한다. 매니저로부터 그 말을 듣는 순간, 회사에서 잘려도 할 말이 없다는 생각이 들었다.

성취하는 PM만의 전략적인 커뮤니케이션 원칙

그날의 흑역사는 내가 성장하는 데 소중한 자양분이 됐다. 이후 나는 더 많은 트레이닝과 실전 경험을 통해 그룹 매니저가 될 수 있었기 때문이다. 이 과정에서 나는 PM이 갖추어야 할 커뮤니케이션의 핵심 원칙을 깨우쳤던 것 같다.

첫 번째는 청중을 명확히 파악해야 한다는 것이다. '청중을 알라'know your audience 라는 말로 대변될 수 있겠다. 이는 훌륭한 커뮤니케이션을 위한 제1원칙이다. 청중의 백그라운드와 목표가 무엇인지 파악한 뒤, 유연성 있게 커뮤니케이션 스타일을 바꿔가면서 메시지를 전달하라는 의미다.

조직 내에는 여러 가지 조건으로 청중을 그룹 지을 수 있다. 예를 들어, 기능별로는 엔지니어·재무·서플라이 체인, 직원의 역할별로는 개별 기여자·매니지먼트 등으로 나눌 수 있다. 또한 해당 이슈에 대해 익숙한 사람 혹은 처음 접하는 사람인지로도 구분 지을 수 있다.

앞서 언급한 나의 사례로 돌아가 보면, 결과적으로 나는 그날 회의에 참석한 청중들을 제대로 이해하지 못하고 있었다. 특히 이사는 엔지니어링이 아닌 서플라이 체인의 이사다. 그의 목표는 서플라이어들이 문제 해결을 위해 올바른 방향으로 움직이는지 리뷰하고 팀에게 피드백을 주고 싶었던 것이다. 많은 기술적 그래프들과 실험 데이터는 그의 전문성을 살려 이슈를 점검하는 데 도움이 되지 않았다.

두 번째는 특정 어젠다가 없더라도 모든 커뮤니케이션에는 스토리가 있어야 한다는 것이다. 아무리 좋은 정보가 많아도 그것을 잘 전달하지 못하면 무용지물이다. 무엇보다 내가 제대로 이해하지 못한 정보로는 결코 다른 사람을 설득할 수 없다. 그런 정보는 한마디로 쓰레기에 불과하다. 그날 회의 때도 표면적인 어젠다는 없었다. 당시 나의 매니저도 이사에게 진행 상황을 업데이트 해달라고 했다. 하지만 그조차도 나름의 어젠다와 스토리가 있어야 했다.

매니지먼트가 인지해야 할 서플라이 체인 차원의 이슈 포인트를 전달하고 그에게 조언을 받았어야 했다. 이러한 어젠다를 설정해두고 회의를 준비했다면 엔지니어링팀이 작성한 기술적인 자료를 모아서 보여주지 않고, 서플라이 체인의 관점에서 재해석하고 스토리텔링한 자료로 회의에 임했을 것이다.

그날 이후 나는 위의 두 가지 원칙을 상기하면서 커뮤니케이션하는 훈련을 했다. 덕분에 어느 회의에서도 "그래서 뭔데?"So what? 라는 질문을 듣지 않았다.

커뮤니케이션을 잘하는 사람은 일을 잘 시키기도 하고, 위로부터는 실행이 가능한 피드백을 얻어낸다. 이를 위해서는 복잡한 정보를 단순화하여 청중의 니즈에 맞게 가공한 후, 다음 단계의 액션이 무엇이 되어야 할지에 관한 스토리를 만들어내야 한다. 이것이 바로 탁월한 PM들의 전략적 커뮤니케이션 스킬이다.

제 5 장

미래에 만날 케빈들에게

나 자신을 아는 것과 모르는 것은 천지차이의 결과를 가져다준다.
대기업에 가지 않아도 좋고 실리콘밸리가 아니어도 좋다.
나라는 사람의 내면에 있는 특성을 파악하여
도전할 만한 기회에 자신 있게 뛰어들어보자.

실리콘밸리에서
내가 얻은 것과 잃은 것

가끔 자기 전 누워서 내가 실리콘밸리에 오지 않았다면 한국에서 어떻게 지내고 있을까를 상상해본다. 어딜 가든 북적이던 도시에서 벗어나 전혀 다른 환경에 있으니 숨통이 트인 것 같은 느낌이 들다가도, 종일 힘들게 일한 후 저녁 회식자리에서 술을 주고받으며 선후배들과 웃고 떠들던 기억이 떠올라 그리워지기도 한다. 그러다 보면 내가 여기서 얻은 것들은 무엇일까 혹은 잃은 것도 있을까 하는 생각을 하게 된다.

실리콘밸리에서 내가 얻은 세 가지

여기서 얻은 것을 꼽아보면 당연히 업무에 관한 스킬도 있지만 결국 프로 정신과 일에 대한 새로운 가치관인 것 같다.

우선 나는 누가 시켜서 일을 하는 것이 아니라, 목적을 달성하기 위해 스스로 일을 만들어나갈 수 있는 능동적인 업무 자세를 배웠다. 미국 사회에서는 주로 직업 윤리work ethics 라고 표현하는데 누가 보든, 안 보든 스스로 자신의 기준을 가지고 일 처리를 하는 것(학생이라면 부정행위를 하지 않고 시험을 치르는 것)을 뜻한다. 상사의 눈치를 보거나 업무 지시를 기다리는 것이 아니라, 주인의식을 가지고 집에서 하든, 점심을 먹으면서 하든 업무 방식에 상관없이 내가 맡은 일의 목적을 달성시키기 위해 일하는 그런 자세를 말한다. 이런 점은 업무의 결과뿐만 아니라, 사회에도 긍정적인 영향을 가져다주는 것 같다.

미국에서는 아마존 같은 온라인 몰에서 물건을 살 때 교환 및 환불 등의 규정이 비교적 너그럽다. 소비자의 판단과 도덕성을 믿어주는 것이다. 그래서인지 다른 선진국에 비해 불필요한 실랑이나 잘잘못을 따지는 데 소요되는 사회적인 비용이 현저히 낮은 것 같다. 물론 어느 사회에서든 누가 지켜봐서 하는 일이나 행동이 아니라 자신의 가치관을 바탕으로 저절로 우러나오는 행동이 조직과 사회에서 존중을 받기 시작한다면 개개인의 자존감이 높아질 것이고 사회 전반적으로 비효율적인 비용이 줄어들 거라고 생각한다.

두 번째, 심각한 경쟁 구도 속에서 좁은 시야로 살던 태도에서 벗어나 내가 하는 일이 회사와 사회에 도움이 되는지를 먼저 생각할 수 있게 됐다. 한국에서 학창 시절을 겪은 나로서는 경쟁의식이 몸에 배어 있었다. 시험에 어떠한 정보가 나올지, 어떻게 하면 다른 팀을 이기고 동료보다 더 좋은 고과를 받을지 고민했다. 그런데 미국 MBA와 실리콘밸리의 회사들을 경험하다 보니 서로 공유하며 다양한 생각들을 표출하면 미처 생각하지 못했던 아이디어와 기회가 생긴다는 것을 알게 됐다. 내가 하는 질문들 때문에 할 일이 늘어나더라도 회사에 도움이 된다면 기꺼이 노력해서 답을 찾아내게 됐다. 또 다른 팀에서 하는 질문들이 내가 볼 땐 너무 엉뚱하더라도 나로서는 발견하지 못한 가치를 다른 팀에서 볼 수 있다면 기쁜 마음으로 들어주는 자세가 뭔지 배웠다.

개인적인 이익 차원에서도 여러 사람의 좋은 아이디어를 통해 회사의 그릇이 커진다면 결국 나에게 돌아오는 몫도 커지기 마련이다. 그를 가능하게 하는 것은 인종과 문화의 다양성, 서로 비교하는 게 덜한 분위기 등 미국 사회가 가진 특수성에 있다. 하지만 배경을 떠나 열려 있는 태도만큼은 적극적으로 장려해야 한다고 본다. 특히 한국과 같이 한정된 자원에 수능 시험처럼 치열한 경쟁 구도가 있을 수밖에 없는 사회에서는 더 적극적으로 신경 써야 한다고 생각한다. 그러지 않는다면 비즈니스 및 경제를 통틀어 사회 전반에 기회의 그릇이 작아질 것이다.

세 번째는 '일단 하고 본다'는 자세로 바뀐 점이다. 실리콘밸리에서 여러 비즈니스 및 제조의 문제들을 풀어가며 하늘이 무너져도 솟아날 구멍이 있다는 것을 체감했다. 사무실에 앉아서 컴퓨터 화면만 쳐다보는 게 아니라 공장에 가서 장비들이 어떻게 작동하고 있는지를 작업자와 공장장의 입장에서 느끼고, 업체들을 방문하여 현장에서 돌아가는 이슈를 몸소 체험하며 미친 생각 같아도 회사에 도움이 된다고 판단하면 일단 해보는 그런 자세다. 따라서 질문이나 회의의 주된 내용도 "이래서 안 되고, 저래서 안 돼요."에서 "이렇게 한번 시작해볼까?"로 바뀌었다. '안 되면 되게 하라'라는 한국 학창 시절 때 배웠던 말을 미국에서 실감하게 되어 아이러니하긴 했지만, 동시에 국가를 넘어 공통적으로 적용될 수 있는 거구나 하고 믿게 되었다.

이러한 자세로 바뀌려면 어느 나라에 살고 있든지 개인적인 성공 체험을 통한 깨달음이 필요하다. 개인적으로 한 가지 추천하는 방법은 이렇다. '이게 가능할까'라는 생각이 들기 시작할 때 그 생각을 멈추고, '이를 위해선 무엇이 필요한지'를 떠올려보는 것이다. 과거에 이런 경우가 있었는지 선례를 찾지 말고, 생각을 바꿔 내가 새로운 경우의 수를 만들고 있다고 생각해보자. 그리고 아무리 작은 것이라도 당장 오늘 하나를 실행해보자. 평소 방송에서 녹아내리는 빙하를 보며 기후변화 문제에 관심이 많았다면 가까운 거리는 차량을 이용하는 대신 걸어가보는 것이다. 또는 평소 자주 가던 길 말고 목적지로 가는 다른 길이 있을까 궁금했다면 오늘은 다른 길로 가보시라. 무엇이 됐든 크고 작은 성공 체험이 쌓이다 보면 어느새 사고의 틀도 바뀌게 된다.

실리콘밸리에서 내가 잃은 두 가지

반면, 실리콘밸리로 와서 잃은 것도 있다.

첫째로 뭔가 광야에 혼자 떨어져 있는 느낌이다. 다른 말로 집단에 대한 나의 기존 관념이 없어졌다. 가족으로부터 느끼는 무조건적인 사랑과 보호를 바라는 건 아니지만, 한국 사회 및 회사에서 느꼈던 제2의 집 같은 느낌은 찾을 수 없다. 이런 느낌이 들게 되니 가끔 외롭다. 회사와 나와의 관계는 철저히 서로의 이익을 위한 계약 관계다. 한국에서도 직장은 따지고 보면 결국은 그러한 관계지만, 일상에서의 상호작용은 달랐다. 회사는 백지장 같은 대학 졸업생을 신입사원으로 데려와 여러 종류의 교육을 수차례 시켜가며 인재로 만들어나간다. 그러면 직원은 아무것도 몰랐던 나를 이끌어주고 책임져주는 회사를 신뢰하고 더 의존하며 소속감과 책임감을 갖게 된다. 더불어 특정 팀원의 성과가 미진하다고 하면 그 부족한 부분을 다른 팀원이 커버해주고 도와주며 조직의 화합을 도모하기도 한다. 그러한 조직에서라면 혼자라고 느끼는 경우는 별로 없을 것이다.

개인 생활 또한 이곳에서는 타인과의 관계, 가족과의 관계가 새롭게 정립된다. 한국의 대도시처럼 인구밀도가 높아 자연스럽게 생길 수밖에 없는 다양한 모임들보다는 목적을 가진 네트워킹 이벤트들이 많고, 결국 남는 것은 가족이므로 조금 더 특별한 가족 구성원들끼리의 관계가 형성된다. 따라서 집단의 가치를 개인의 가치보다 우위에 두는 사람이라면 미국 회사뿐만 아니라 미국 생활 자체에 적응이 힘들 수 있다. 한국에서 생활할 때도 개인의 가치가 집단의 가치보다 우선이라 믿어 처음 미국에 왔을 때 새로운 라이프스타일이 무작정 좋았던 나조차도 가끔은 지긋지긋하기까지 했던 한국 특유의 북적거림이 그리울 때가 있다.

두 번째는 아이러니하게 들릴 수도 있으나, 기존의 워라밸을 잃었다. 한국에서 익숙하게 9시 전에 출근 태그를 찍고 5시 이후에 퇴근 태그를 찍고 나오던, 즉 일을 사무실에 가서 하고 거기서 끝내고 회사 밖으로 나온다는 개념이 없어졌다. 실리콘밸리에서 근무한다고 하면 사람들은 보통 캘리포니아의 화창한 날씨나 구글 캠퍼스의 마사지, 공짜 식사 같은 복지를 소셜미디어로 접하며 실리콘밸리는 워라밸이 좋지 않느냐며 부러워하곤 한다. 하지만 그런 좋은 업무 환경 이면에는 자신이 적극적으로 관리하지 않으면 번아웃이 생길 만큼의 혹독함도 있다. 자유롭게 일하는 분위기가 좋기도 하지만 일과 삶의 경계가 없어지는 것이기도 해서 자기도 모르는 사이에 번아웃이 찾아온다. 나 또한 처음 실리콘밸리에서 일을 할 때 출근 시간이 정해져 있지 않으니 주요한 미팅을 위주로 일정을 스스로 설계하고, 장소의 자율성이 있으니 집이건 어디서든 일을 해도 되어 편했다. 하지만 그만큼 일의 흐름을 잘 맺고 끊지 않으면 하루가 온통 업무 시간이 될 수도 있다. 흔들리는 통근 버스에서 몇 시간 동안 좋지 않은 자세로 일하기도 하고, 잠이 들기 전까지 이메일을 체크하거나 문제가 해결됐는지 궁금해 새벽에도 파트너사와 전화통화를 하는 게 일상이 되는 것이다. 나 역시 번아웃을 경험했고, 이후로는 일과 삶의 밸런스를 찾으려 노력했다. 아시아 쪽에 이슈가 있다면 내가 자는 시간에 초조해하며 기다리지 않도록 명확한 요청사항과 예상 결과물을 아시아 팀에게 미리 공유해 놓아 나 대신 일처리를 해낼 수 있도록 하고 나는 라이프 모드로 돌아간다. 본인이 능동적으로 워라밸을 설계할 자신이 없다면 한국의 사원증 태그 문화가 더 맞을 수도 있다.

내가 실리콘밸리에서 살아남는
단 한 가지 이유

미국 사람들은 '자기 인식'self-awareness을 중요시하는 경향이 있다. 한국에서도 혈액형을 분석해서 사람의 성격을 파악하거나, MBTI 테스트와 같은 것이 유행하는 것을 보면 세계 어디서나 사람들은 자신과 타인의 성향에 관심이 많은 것 같다. 네 가지 종류의 혈액형에 비추어보거나 열두 가지 띠를 통해 또는 다양한 심리 테스트들로 자신을 알아가는 것도 물론 나름의 방법일 수 있다. 하지만 진정으로 자신이 어떤 사람인지 파악하는 것은 그리 만만치 않다. 다른 사람의 행동을 보듯, 내가 나의 행동을 제3자의 입장에서 객관적으로 돌아보기란 어렵기 때문이다.

소띠인 나의 경우 어떠한 목표가 생기고, 그를 위해 결심이 서게 되면 결국 밀어붙여 해내고 마는 황소 같은 기질이 있다. 그리고 목표한 바를 이루고 나면 바로 다른 주제로 관심이 돌아가기 시작한다. 다만, 소위 진짜로 꽂히는 것들의 종류와 수는 한정되어 있어서 호기심에 관심이 갔다가 금세 식어버리는 주제들도 많다. 이렇게 나의 성향에 대해 차분히 글로 적어보는 것은 처음이지만, 나에 대해 알아가고 이해하려 했던 노력은 대학생 때부터 지금까지 꾸준했던 것 같다. 지난날에 대해 내렸던 결정에 대해 왜 그러한 생각과 판단을 했을까 성찰해보고 여행을 다니며 공상과 명상하기를 즐겨하며 매일 샤워를 하거나 가끔 주변에 산책을 하면서 내 스스로 머릿속으로 질문과 답을 해보며 웃기도 하고 부끄러워 얼굴이 빨개지기도 한다.

나를 아는 것이 곧 나의 힘이다

토종 한국인인 내가 여기 실리콘밸리에서 팀원들을 이끄는 위치에 오기까지 나 자신을 알아가기 위해 계속 노력해왔다. 그리고 내게 호기심과 실행력이 있는 것을 알았기에 커리어의 갈림길에 섰을 때도 나다운 선택을 했다.

내가 아는 나는 원하는 바가 있으면 만족스러운 현실이라도 주저 없이 떠나고, 곧바로 새로운 프로젝트와 기회에 과감히 도전하기를 선택하는 사람이다. 전자공학을 전공했지만 한국의 새로운 먹거리로 부상하던 배터리에 관심이 생겨 화학기업에 입사했고, 배터리 산업 전반을 배우고 싶어 연구소에서 엔지니어로 일하다가 본사 비즈니스 부서로 넘어와 새로운 상품기획 업무를 했다. 그러고는 경영 지식에 목이 말라 매우 재미있게 즐겼던 상품기획 일을 뒤로한 채 미국 MBA 유학을 결심했다. 국어 같은 문과에 약하고 해외 유학이나 체류 경험도 없는 토종 한국인인 내가 전공수업보다 더 어려웠던 GMAT를 변호사처럼 조목조목 논리를 가지고 심지어 영어로 치르며 거듭 도전했다.

나 자신을 아는 것과 모르는 것은 천지차이의 결과를 가져다준다. 실제로 MBA를 준비하였을 때 같이 준비하던 주변 사람들 중 대부분이 여러 이유로 유학을 포기하는 것을 봤다. GMAT 공부가 힘에 부치고 시험 점수가 안 나와 좌절하거나, 회사 업무가 벅차 해외 유학 준비를 꾸준히 못하기도 하고 혹은 회사에서 승진이나 보너스 등 인센티브가 있으면 유학을 미루거나 접기도 했다.

나 역시 내가 한 선택에 대해 끊임없이 밀어붙이는 집념과 실행력이 없는 사람이었다면, 매일 힘든 회사 업무 후에 카페에 가서 문을 닫을 때까지 매일 GMAT 공부를 하기보다 직장 동료나 친구들과 술자리를 이어갔을 것이다. 또 내가 좋아했던 해외 출장 비행기 안에서도 에세이를 구상하기보다 영화를 보거나 다른 놀거리를 찾았을 것이므로 결국 유학이 불가능했을 것이다. 유학을 처음부터 마음먹은 것은 나라는 사람은 진정으로 원하는 일은 어떻게든 해내려는 성격이며, 실제로도 그럴 수 있다고 믿었기 때문이다.

내가 하고 싶은 말은 '뚝심을 가지라'는 식의 입에 발린 소리가 아니다. 그리고 나처럼 변화를 즐기며 위험을 감수하라는 일방적인 조언도 아니다. 자신만의 독특한 가치를 발견하고, 아직 발견하지 못했다면 끊임없이 찾으려 노력해보자는 것이다. 대기업에 가지 않아도 좋고 실리콘밸리가 아니어도 좋다. 나라는 사람의 내면에 있는 특성을 파악하여 내가 도전할 만한 기회에 자신 있게 뛰어들어 보자.

MBA 유학 후, 처음에는 애플이라는 곳에서 일하려는 계획을 갖고 있지 않았다. 더군다나 구매라는 업무는 너무 생소했기에 GSM이라는 일이 있는지도 몰랐다. 다만 나는 내가 중요시하는 것들을 끊임없이 찾아내려 했다. 항상 변화를 두려워하지 않고 그에 따른 위험을 감수하는 나 자신을 알았기에, 졸업을 앞두고 애플의 구매 조직에서 일하고자 하는 결정을 내리고 나서는 모든 네트워크와 리소스를 동원해 치열하게 인터뷰를 준비하고 결국 오퍼를 받아냈다. 만약 나 자신이 어떤 사람인지 깨닫지 못했다면 GSM이라는 업무도 나와는 전혀 상관없는 커리어 옵션들 중에 하나로 남았을 것이다.

내면에 귀를 기울이면 나만의 길이 보인다

그렇다면 도대체 나는 왜 이런 특성을 가지고 있을까? 나의 특성을 파악하는 데 사용하는 좋은 방법 중에 하나는 과거로 시간을 돌려보며 내게 지금도 남아 있는 생생했던 기억들을 퍼즐처럼 모아보는 것이다. 지금까지 기억에 남아 있었다는 것은 나에게 긍정적이든 부정적이든 의미가 있는 사건들일 테다. 자라왔던 가정의 환경이 될 수도 있고, 학창 생활, 살았던 지역의 특성과 날씨, 내가 살던 동네, 나라, 친구, 건강 등 다양한 요소들이 있다.

지금도 생생하게 떠오르는 기억 몇 가지를 꼽아보려고 한다. 내가 초등학교 2학년 때 아버지께서 하시던 일을 그만두고 사업을 준비하시기 전 미국으로 잠시 어학연수를 가신 적이 있다. 당시 미국에서 오던 아버지의 편지에 "파란 눈을 가진 선생님이 책상에 엉덩이를 걸쳐 앉아 나를 궁금한 듯 유심히 바라봤어."라는 글귀가 지금도 생생히 기억난다. 매일 보고 사는 검은 눈동자에 비슷하게 생긴 사람들과는 다른, 파란 눈동자의 사람들을 상상하며 그때부터 나도 모르게 한국 밖의 세상에 대해 궁금해했던 것 같다.

중학생이 되면서 더 넓은 세계에 대한 호기심도 더 커졌기에 나는 외국어고등학교로 진학하길 원했다. 하지만 영어 점수가 안 좋아 결국 불합격했고, 인생 처음으로 당한 '공식 거절'에 쓰라린 마음으로 전형결과지를 손에 쥐어야 했다. 사춘기의 나로서는 고등학교만큼은 외국어고등학교처럼 남녀공학으로 가고 싶었지만, 남자 중학교에 이어 다시 남자고등학교로 가게 된 것도 분했다. 세계에 대한 호기심으로 가득한, 외국어고등학교를 다닐, 얼굴도 모르는 합격자들을 생각하니 오기가 생겨난 것 같다. '외국어고등학교에 가는 시나리오보다 행복이든 만족이든 대학 진학이든 뭐가 됐든 더 나은 결과를 내야 해.' 합격했다면 외국어고등학교에 진학했을 가상의 나에게 지고 싶지 않았다. 그래서 고등학교 3년 동안 학창 시절에 대한 즐거움이나 기대는 내려놓고 노력하는 만큼 결과가 나오리라 판단한 공부만 했다. 특별히 무엇을 하고 싶다는 꿈도 없이, 그저 내가 할 수 있는 가장 최고의 시험 성적을 내기 위해 앞만 보며 달려갔다. 그렇게 3년을 공부에만 전념하면서 나의 황소 기질이 은연중에 형성되었던 것 같다.

공부든 일이든 혹은 다른 도전이든 '지피지기면 백전백승'이다. 본인만의 방법을 치열하게 발굴하여 나를 알아가자. 그러한 나를 받아들이고 너그럽게 세상을 관찰해보자. 여태 안 보이는 것들이 보이기 시작할 것이다.

가고 싶은 미래로
나를 데려다 놓으려면

나를 알아가는 것은 인생의 마지막까지 끝나지 않는 숙제다. 세상이 변하듯 나도, 추구하는 가치도 변하기 때문이다. 나 역시 실리콘밸리에 종착했다고 해서 끝난 게 아니라 지금도 역시 새로운 나를 더 발견해간다. 새롭게 추구하고자 하는 가치가 발견되면, 그 방향으로 나 자신을 이끌어 내가 그 새로운 자아가 되게끔 노력한다. 마치 아이폰이나 모델 Y를 오늘 샀다고 해서 오늘의 하드웨어 제품에서 발전이 멈추는 게 아니라, 계속 업데이트되는 소프트웨어를 통해 끊임없이 제품이 궁극적으로 추구하는 방향으로 진화해 나가는 것과 같다.

사람들은 나에게 왜 그러한 고민을 하냐고 물어보기도 한다. 현재 위치에서 계속 구매자로 일하면 몸값도 높아질 테고 나를 필요로 하는 회사들도 많아질 것임은 분명하기 때문이다. 지금도 링크드인 같은 잡 플랫폼을 통해 다양한 산업군과 여러 커리어에 계신 분들이 정보를 얻거나 커리어적인 기회를 잡기 위해 나에게 접촉한다. 세상의 운송수단이 전기차로 전환하는 것은 당연한 트렌드가 되었고, 핵심 요소인 배터리 산업은 전기차 시장에서도 가장 핫한 분야다. 전기차 회사뿐만 아니라 전통적인 자동차 회사의 분기 실적 발표들을 들어봐도 전기차와 배터리 계획에 대한 이야기들이 주를 이룬다. 따라서 그들에겐 지금 나의 고민들이 사치처럼 보일 수도 있다.

'새로운 나'를 발견하자

실리콘밸리에 정착한 지도 이제 시간이 꽤 지났으므로, 지금까지 열심히 달려왔던 나의 모습을 돌아보고 끊임없이 변하는 나 자신에 대해 알아가려는 마음의 여유가 더 생겼다.

나는 나중에 커서 과학자나 의사가 되겠다든지 하는 무엇을 하겠다는 목표를 세우기보다 나의 특성을 파악하고 그것을 활용해 더 발전한 후 나의 가치와 부합하는 기회를 잡으려는 과정을 밟아왔다. 동시에 나의 정체성을 형성하는 데에 신경을 썼다. 따라서 지금도 누군가 나에게 10년 뒤 무엇이 되는 게 목표냐고 물으면 답을 할 수가 없다. 억지로 답을 내보려고 해도 공감하지 못하는 질문이다.

그러던 중 최근에 새로운 나를 또 발견하게 되었다. 지금도 생생하게 기억에 남는 장면들을 떠올려보면 나는 세상의 비효율적인 것들이 왠지 싫었다. 한국에서 차를 탔을 때인데, 운전자가 엑셀을 밟아 열심히 휘발유를 태워가며 속력을 올려놓더니 빨간 불로 바뀐 앞의 신호등을 보며 브레이크를 밟았다. 속력이 줄어들며 느껴지는 타이어와 지면의 마찰, 브레이크에 전해지는 압력과 뜨거운 열기까지 생생히 느껴졌다. 그런 비효율이 너무 아까웠고 싫었다. 수학여행을 가서 수도꼭지를 틀어놓고 양치를 하는 친구의 모습을 보기가 힘들었던 기억, 일본 여행을 가서 양변기의 물을 내리면 다시 물이 채워지면서 동시에 손을 씻을 수 있도록 해놓은 것을 보고 환호성을 지른 기억, 서울에서 어디를 가면 '간 김에' 많은 것을 커버하려하며 발품을 판 시간과 에너지를 최대한 이용해보고자 했던 기억들이 새로운 내 모습을 발견하게 해주었다.

커리어의 관점에서 회상해보니 내가 구매자로서 일했던 것은 물론이고 비즈니스의 효율성을 이끌어내어 수익을 창출하고, 좋은 제품을 개발하며 새로운 기회에 투자하는 것을 나는 흥미로워했던 것 같다. 내가 싫어했던 비효율들을 줄이는 것이 일상생활에서 그치지 않고, 비즈니스를 통해 세계가 변화하는 모습을 보며 감동을 느꼈다. 내가 다녔던 실리콘밸리의 회사 모두 그렇게 비즈니스를 이끌어냈고, 나 또한 직원으로서 일조했다. 결국 많은 성공과 실패는 효율성으로 인해 갈린다. 비효율을 줄여야 하는 것이다. 그렇게 되면 세계 전반적으로 더 나은 미래가 그려지지 않을까. 이렇게 요새는 '효율'에 대해 가치를 두고 있는 나를 발견하고 있다.

효율성을 높이려면 매사에 호기심을 가지고 문제에 대해 깊게 파고 들어가야 하며 세상을 효율의 관점에서 새롭게 보기 시작해야 한다. 그러다 보면 여태 볼 수 없었던 문제들과 기회들이 수면 위로 떠오르기 시작하고, 도전하여 성취해보고 싶은 것들이 생기게 되리라. 동시에 지금은 앞으로 생길 그 도전을 위한 미친 실행력을 발휘할 수 있도록 몸과 마음의 준비를 해야 한다. 이처럼 미래의 나를 설계하는 방법은 나도 모르는 사이 자동화가 되어버렸다.

커가는 산업에 기회가 있다

세상을 알아갈 때 커가는 산업을 위주로 나의 레이더를 맞추고 있다면 좋은 기회들을 잡을 확률이 크다. 인공지능과 지속가능 에너지_{sustainable energy}는 실리콘밸리뿐만 아니라 전 세계에서 주목하는 분야다.

하지만 뭐니 뭐니 해도 실생활에서 바로 체감되는 것은 전기차다. 내가 실리콘밸리에 처음 왔을 때와 비교하면, 현재 도로의 전기차의 수가 확연히 늘었다. 그럼에도 불구하고 전 세계적으로 아직 전기차가 전체 차량 판매의 5퍼센트 남짓이라고 하니, 100퍼센트까지 도달하려면 이제 시작하는 단계에 있다고 봐야 한다. 전 세계적인 규제와 정책들로부터 힘입는 것은 물론이고, 배터리 가격이 내려가 소비자의 소유 장벽이 낮아지는 전기차는 커갈 수밖에 없는 산업들 중 하나다.

그러한 산업들을 위주로 필요에 의해 일자리가 생길 수밖에 없고, 직접적인 산업들뿐 아니라 연관된 산업들도 성장하지 않을 수 없다. 당신이 기계공학도로서 새로운 것을 발명할 때 희열을 느끼고 제품의 성능을 높이는 데에 가치를 둔다면 내연기관차의 엔진에 대해 고민하기보다 전기차의 파워트레인_{power train}을 연구하는 것이 더 나은 기회를 잡는 데 도움이 될 것이다. 지구과학을 좋아하고 땅에 묻혀 있는 자원이 어디 있는지 고민하며 보물찾기를 하는 것에 희열을 느낀다면 석유 회사에 들어가서 일하기보다는 배터리의 주원료인 리튬이나 니켈 등 광물들을 추출하고 정제하는 회사에 들어가 열정을 쏟는 것이 커리어 면에서 더 성장할 확률이 크다.

그렇다면 도대체 커가는 산업을 어떻게 발견할 수 있을까?

미래를 예상해보고 싶을 때 나는 종종 과거에서 힌트를 찾기도 한다. 바로 다른 나라 혹은 문화의 역사다. 학창 시절의 나는 국사를 비롯한 역사 과목이 싫었다. 무슨 해에 어떤 사건이 일어났는지 달달 외워 정답을 맞히는 게 당시에는 큰 의미가 없었고 비효율적이라 생각했다.

그런데 나중에 사회에 나와서 개인적으로 몇 가지 '아하!' 하는 순간들이 있었는데 그를 통해 역사에 대해 관심을 갖게 되었다. 한국에서 일할 당시 영국 출장을 간 적이 있다. 학창 시절 '해가 지지 않는 나라'라고 불리는 대영제국이라고 배웠고, 인도 및 홍콩 또한 영국의 통치권에 있다가 독립한 것을 알고 있었다. 그만큼 힘이 센, 세계의 패권을 쥐었던 나라에 단순히 여행이 아니라 비즈니스를 하러 출장을 가다니 설렜다.

한국에서도 고급차로 잘 알려진 재규어/랜드로버에 출장을 갔는데, 오피스에 들어가며 깜짝 놀랐다. 영국인들보다 인도인들이 더 많았던 것이다. 미팅을 하면서도 대부분의 의사결정권자들은 인도 계열이었고, 심지어 회사 자체가 인도의 타타TATA 그룹에 팔려 엄밀히 말하면 인도 회사라고 했다. 한때 지배를 당했던 나라가 이제는 영국의 유일한 자동차 회사를 지배하다니. 새삼스레 역사에 흥미가 생겼다. 더 나아가 지금 영국의 총리는 인도 계열이지 않은가.

무엇이 이러한 대변환을 만들었을지 무척 궁금해졌다. 각 나라의 국민성, 날씨, 자원 등등 인류 역사에 영향을 미쳤을 여러 주제에 대해서도 호기심이 생겼다. 그렇게 조금씩 나름대로 역사 공부를 하다 보니 수천 년의 인류 역사를 통틀어 제국의 발전과 멸망까지 반복되는 패턴과 그 변화를 초래하는 핵심 요소들이 있다는 것도 느낄 수 있었다. 역사 공부가 단순 암기의 영역이 아니라, 자발적인 탐구의 영역으로 180도 바뀌었다.

역사에 대해 관심이 생기면서 동시대의 세상과 사람, 문화와 미래에 대해서도 저절로 관심이 생겼다. 역사에 대한 이해와 자신만의 관점을 바탕으로 세상을 바라보는 시각을 가지면 미래를 해석할 수 있는 고유의 힘도 생길 것이다.

커가는 산업을 발견하는 데 역사 공부만큼 좋은 방법은 바로 신문 읽기다. 나는 매일 신문을 읽으며 나만의 관점으로 세상을 해석해보려 하는데, 그 30분이 너무 행복하고 그 때문에 아침이 기다려진다. 마치 초등학생 때 명절마다 친척 어른으로부터 종합선물세트를 받을 때 설레었던 것과 비슷한 느낌이다. 신문 또한 나의 관심사에 따라 마치 내가 외교관인 것처럼 국제 정세가 어떤지 더 시간을 할애하여 세상의 흐름을 해석해 볼 수도 있고, 특정 산업에 관심이 갈 때면 월스트리트의 애널리스트처럼 기사에 대해 분석을 하며 미래를 그려보기도 한다.

매일 신문을 읽으시고 좋은 질문들을 하며, 항상 열린 마인드로 살아가시길 바란다. 그러면 이전엔 생각지도 못한 기회의 중심에 서게 되실 것이다.